三(삼) 界(계) 六(륙) 道(도)

욕계(欲界)

륙도(六道)

- 지옥도(地獄道)
- 아귀도(餓鬼道)
- 축생도(畜生道)
- 수라도(修羅道)
- 인간(人道)
- 천도(天道)

사악취(四惡趣)
- 지옥취(地獄趣)
- 아귀취(餓鬼趣)
- 축생취(畜生趣)
- 수라취(修羅趣)

사부주(四部洲)
- 동승신주(東勝身洲)
- 서우화주(西牛貨洲)
- 남섬부주(南贍部洲)
- 북구로주(北俱盧洲)

륙천(六天)

- 사왕천(四王天)
- 도리천(忉利天) · 횡으로 33천이 있음
- 야마천(夜摩天)
- 도솔천(兜率天)
- 화락천(化樂天)
- 타화천(他化天 · 天魔)

초선삼천(初禪三天)

- 범중천(梵衆天)
- 범보천(梵輔天)
- 대범천(大梵天)

욕계륙천(欲界六天)	욕계륙천의 수명(壽命)	인간계(人間界)와의 시차(時差)
(1)사천왕천(四天王天)	500년(인간나이로 약912만년)	사천왕천 하루가 인간계 50년
(2)도리천(忉利天)	1000년(인간나이로 약3,650만년)	도리천 하루가 인간계 100년
(3)야마천(夜摩天)	2000년(인간나이로 약146백만년)	야마천 하루가 인간계 200년
(4)도솔천(兜率天)	4000년(인간나이로 약584백만년)	도솔천 하루가 인간계 400년
(5)화락천(化樂天)	8000년(인간나이로 약23억3천6백만년)	화락천 하루가 인간계 800년
(6)타화자재천(他化自在天)	16000년(인간나이로 약93억4천4백만년)	타화자재천 하루가 인간계 1600년

原文對譯

도덕경과 함께 전한

太上老君戒經
(태상노군계경)

(道德經別冊)
(도덕경별책)

自寂華 허호정 편역
許好廷 編譯

圖書出版 Baikaltai House

目次 (목차)

- 머리말
  한국어판을 내면서 지은 머리말 ········· 五

- 태상노군계경(太上老君戒經) ― 독경용(讀經用·原文對譯) ··· 一三

- 태상노군계경(太上老君戒經) ― 주해서(註解書·原文對譯) ···· 六三

- 부록(附錄)

- 노군계경(老君戒經) 원판초간본(原版初刊本) ········· 二四一

- 진본 달마보전(眞本達摩寶傳) ········· 二九五

머리말

한국어판(韓國語版)을 내면서 지은 머리말

계상(戒上)이란 무슨 말인가?
모든 장경(藏經)의 위에 계법(戒法)이 있다는 말이다.
계법(戒法)이란
모든 경전(經典)을 수레에 잔뜩 싣고 앞에서 끌고 가는 황소와 같고
칠흑(漆黑)과 같이 어두운 흑암(黑暗)을 때려 부수는 등불과 같고
두 눈이 먼 자(者)를 이끄는 잘 훈련(訓練)된 안내견(案內犬)과 같고
태백성군(太白星君)께서 접인(接引)하시는 허공(虛空)의 부표(浮漂)와 같다.

그러므로
계법(戒法)을 선두(先頭)로 내세우지 않는 행법(行法)은
모두
입으로 농사(農事)를 짓는 사람과 똑 같고
귀로 동냥을 얻어서 먹고 고픈 배를 불리려는 것과 똑 같고

자기 집 안방에서
교과서를 달달 외우며 졸업장(卒業狀)을 받으려 하는 것과 똑 같다.

계법(戒法)이란
손오공(孫悟空)의 여의봉(如意棒)과 똑 같아서
무엇이든 만들어 낼 수 있는 천지개벽(天地開闢)의 풀무와 같다.

계법(戒法)에 의(依)해
청홍복(青紅福)이 만들어지며,

계법(戒法)에 의(依)해
천당(天堂)과 지옥(地獄)의 갈림길이 나오며,

계법(戒法)에 의(依)해
성인(聖人)과 범부(凡夫)의 차등(差等)이 생기며,

계법(戒法)에 의(依)해
천불만조(千佛萬祖)가 삼청계(三淸界)를 장엄(莊嚴)하며,

계법(戒法)에 의(依)해
부처님의 출세(出世)가 염부제(閻浮提)에서 이루어지는 것이다.

그러기에
태상노군(太上老君)께서
윤희(尹喜)에게
도덕경(道德經)과 함께 노군계경(老君戒經)을 전수(傳授)하시면서
계경(戒經)을 도덕경(道德經)보다 위에 두고
계상(戒上)이라는 말씀을 하신 것이다.

태상노군계경(太上老君戒經)은
도장집요(道藏輯要)에 수록(收錄)되어 있는 것으로
도교의추(道教義樞), 운급칠첨(雲笈七籤), 통지(通志),
비서성속사고궐서목(秘書省續四庫闕書目) 등(等)에도 기록(記錄)이 실려 있다.

기록(記錄)에 보면,
노군(老君)은 천축(天竺)으로 주유(周遊)를 떠날 때
함곡관(函谷關)을 통과(通過)하시면서

관령(關令)인 윤희(尹喜)의 종남(終南)에 있는 고택(故宅)에 초빙(招聘)되어 석 달을 머물면서
도덕경(道德經)과 노군계경(老君戒經)을 전수(傳授)하고 류사(流沙)를 향(向)하여 떠났다고 적시(摘示)하고 있다.

계경(戒經)에 보면,
도덕경(道德經)을 전수(傳授) 받은 윤희(尹喜)가 어떻게 경(經)을 모시고 공부(工夫)를 해야 하는지 묻는 것으로 노군계경(老君戒經)의 인연(因緣)이 일어나는 것을 볼 수 있다.

이 때
노군(老君)은
윤희(尹喜)에게 수계(授戒)를 주면서
오계(五戒)는
만악(萬惡)을 다스리는 삼계(三界)의 삼엄(森嚴)한 법률(法律)이며
몸가짐을 올바르게 다스려주는 본사(本師)이며
법(法)을 훌륭하게 지킬 수 있도록 해주는 근거(根據)가 되므로,

오계(五戒)는
대도(大道)를 성취(成就)할 수 있는 연유(緣由)가 되고
오계(五戒)를 잘 지키는 것으로
대복(大福)을 얻고 진인(眞人)이 될 수 있지만
오계(五戒)를 어기면
재앙(災殃)이 따르고 가지가지 악보(惡報)를 받게 된다고 하였다.

❶ 도교(道敎)의 전진도(全眞道) 구장춘(丘長春) 조사(祖師)는
계문(戒文)을 조각(彫刻)하여 목걸이를 해서 목에 걸고
손으로 항상(恒常) 만지작거리며 다니면서
이를 어기면
지옥(地獄)에 들어가 다시 나오지 않겠다고 맹서(盟誓)하였고,

❷ 구장춘(丘長春) 조사(祖師)의 제자(弟子)인
채강월(蔡江月) 진인(眞人)은
삼엄(森嚴)하게 계행(戒行)을 수지(受持)한 공덕(功德)으로
구장춘(丘長春) 조사(祖師)의 지점(指點)을 받고 곧바로 깨우쳤다 하였는데、

❸ 이 채강월(蔡江月) 진인(眞人)의 후학(後學)이 바로

그 유명(有名)한

오진자(悟眞子) 원지과(苑至果) 진인(眞人)이시다.

달마보전(達摩寶傳)을 후대(後代)에 남겨

오교합일(五敎合一)과

만교통합(萬敎統合)의 반석(盤石)을 구축(構築)해 주신

오진자(悟眞子) 진인(眞人)께서는

철두철미(徹頭徹尾)하게 계법(戒法)을 수지(受持)하며

평생(平生)을

갈홍산(葛洪山)에 초막(草幕)을 짓고 살면서

나무로 옷을 해 입고 고사리만을 꺾어 먹고 살았다 하는

기보통지(畿輔通志)의 멋들어진 기록(記錄)을 볼 수 있다.

달마보전(達摩寶傳)을 저술(著述)하여

삼계(三界)가

불교(佛敎)의 달마조사(達摩祖師)를

만교통합(萬敎統合)의 기수(旗手)로 삼게 하고

달마조사(達摩祖師)를
삼청(三淸)의 천선보(天仙譜)에까지 오르게 해 주신
도교(道敎)의 전진도(全眞道) 오진자(悟眞子) 진인(眞人)은
참으로 아름다운
진도(眞道)의 면목(面目)을 우리에게 보여주신 분이 아닌가?

아아!
계법(戒法)이
바로
삼청(三淸)으로 통(通)하는 길이며,
계법(戒法)이
바로
모든 수행(修行)의 단서(端緖)가 되며,
계법(戒法)이
바로
진상(眞常)으로 들어가는 적멸(寂滅)의 현관(玄關)이 되며,

계법(戒法)이
바로
팔만장서(八萬藏書)를 펼치는 제일 첫 장(章)이 되건만,
수행(修行)하는 사람이
소홀히 다루는 감(感)이 있는가 하여
안타까운 마음을 억제(抑制)하지 못하고
몇 마디를 덧붙여 머리말에 대신(代身)하고자 한다.

자적화(自寂華) 허호정(許好廷) 근서(謹序)

太上老君戒經
태상노군계경

— 독경용(讀經用)

太上老君戒經 — 독경용(讀經用)

태상노군(太上老君)께서 도덕경(道德經)과 함께 전(傳)한 별책계경(別册戒經)

戒上
계(戒)가 가장 위에 있다.

◉ 老君西遊將之天竺

태상노군(太上老君)께서 서쪽으로 천축(天竺)을 향(向)하여 주유(周遊)를 떠나실 적에,

◉ 以道德二經授關令尹喜喜受經畢又請持身奉經之法

도경(道經)과 덕경(德經) 두 가지 경(經)을

一五

관령(關令)인 윤희(尹喜)에게 전수(傳授)하였다.

도덕이경(道德二經)을 받은 윤희(尹喜)는

노군(老君)에게

몸가짐을 어떻게 가져야 하며

도덕경(道德經)을 어떻게 받들어야 하는지

그 봉경법(奉經法)을 여쭈었다.

◉ 老君於是復授喜要戒普令一切咸持度世
로군어시부수희요계보령일절함지도세

태상노군(太上老君)께서는

이에 다시

윤희(尹喜)에게 노군계경(老君戒經)을 전수(傳授)해 주시고

널리 보도(普渡)하여 일체중생(一切衆生)들이

모두 지키고 다함께 세상(世上)을 건널 것을 당부(當付)하시면서

◉ 於是說頌三章
어시설송삼장

이에 따라 게송(偈頌)으로 삼장(三章)을 말씀해 주시었다.

一六

- ⊙ **樂法以爲妻**
  락 법 이 위 처
  법(法)을 좋아하기를 사랑하는 처(妻)를 대(對)하듯 하고

- ⊙ **愛經如珠玉**
  애 경 여 주 옥
  경(經)을 사랑하기를 보석(寶石)을 아끼듯 하라

- ⊙ **持戒制六情**
  지 계 제 육 정
  계(戒)를 지켜서 육정(六情)을 제압(制壓)할 것이며

- ⊙ **念道遣所欲**
  념 도 견 소 욕
  일념(一念)으로 도(道)에 사무쳐 욕정(欲情)을 몰아내라

- ⊙ **淡泊正氣庭**
  담 박 정 기 정
  담박(淡泊)한 정기(正氣)로 황정(黃庭)을 꽉 채우라

◉ 蕭然神靜默
소연신정묵

텅 비어 아무것도 없는 듯이 정신(精神)을 가다듬고
조용히 침묵(沈默)하라

◉ 天魔並敬護
천마병경호

천마(天魔)도
존경(尊敬)과 위호(衛護)를 아끼지 않을 것이고

◉ 世世受大福
세세수대복

세세(世世)마다에 걸쳐 대복(大福)도 받을 것이다.

◉ 鬱鬱家國盛濟濟經道興
울울가국성제제경도흥

집집마다 번창(繁昌)하고 국운(國運)도 융성(隆盛)해져
인재(人才)도 넘쳐나고 도덕(道德)도 흥왕(興旺)하리라.

⊙ **天人同其願** 천인동기원
하늘이거나 사람이거나 발원(發願)하는 바는 똑 같나니

⊙ **飄眇入大乘** 표묘입대승
표묘(飄眇)히 떨쳐 대승(大乘)에 들어가라.

⊙ **因心立福田** 인심입복전
마음은 쓰는 데에 따라 복전(福田)이 된다.

⊙ **靡靡法輪升** 미미법륜승
잰 걸음으로 변함없이 법륜(法輪)을 굴리면

⊙ **七祖生天堂** 칠조생천당
칠조(七祖)는 천당(天堂)으로 왕생(往生)하고

- ⊙ **我身白日騰** _{아신백일등}
  나 자신(自身)은 밝은 대낮에 하늘을 타고 오를 것이다.

- ⊙ **大道洞玄虛** _{대도동현허}
  대도(大道)는 대천계(大千界)를 담고도 남는 동현허(洞玄虛)라

- ⊙ **有念無不啓** _{유념무불계}
  일념(一念)으로 사무친다면 누구에게나 열리지 않음이 없으리라.

- ⊙ **練質入仙眞** _{련질입선진}
  실질(實質)을 단련(鍛鍊)하면 선진(仙眞)에 들고

- **遂成金剛體** 수성금강체
  드디어 금강체(金剛體)를 이루어

- **超度三界難** 초도삼계난
  삼계(三界)의 재난(災難)에서 벗어나고

- **地獄五苦解** 지옥오고해
  지옥(地獄)의 오고(五苦)가 풀릴 것이다.

- **悉歸太上經** 실귀태상경
  온 정성(精誠)을 다해 태상경(太上經)에 귀의(歸依)하옵고

- **靜念稽首禮** 정념계수례
  정념(靜念)으로 사무쳐 계수례(稽首禮)를 올리나이다.

◉ **於是尹喜聞說頌己稽首而立請受戒言**

이와 같이 윤희(尹喜)는 태상노군(太上老君)의 설법(說法)을 듣고 외우기를 마치고 나서 머리를 조아리며 계(戒)에 대(對)한 말씀을 해 주실 것을 간청(懇請)하였다.

◉ **老君曰第一戒殺第二戒盜第三戒婬第四戒妄語第五戒酒**

태상노군(太上老君)께서 말씀하시었다.
제일(第一) 첫 번째 계(戒)는 살생(殺生)을 금(禁)하고
제이(第二) 두 번째 계(戒)는 투도(偸盜)를 금(禁)하고
제삼(第三) 세 번째 계(戒)는 사음(邪婬)을 금(禁)하고
제사(第四) 네 번째 계(戒)는 망어(妄語)를 금(禁)하고
제오(第五) 다섯 번째 계(戒)는 음주(飲酒)를 금(禁)하라.

◉ **是爲五戒若淸信男淸信女**

이것이 오계(五戒)인데 오계(五戒)를 지키면

청신남(淸信男)이라 하고 청신녀(淸信女)라 할 것이다.

◉ **奉持五戒畢命不犯**
봉지오계필명불범
정성(精誠)을 다해
오계(五戒)를 받들어 지키고
목숨이 다할 때까지 범(犯)하지 않으면

◉ **是爲淸信男淸信女**
시위청신남청신녀
이러한 사람을 바로
청신남(淸信男)이라 하며 청신녀(淸信女)라 할 것이다.

◉ **老君曰戒殺者一切衆生含氣以上蠉飛蠕動之類皆不得殺**
로군왈계살자일절중생함기이상현비연동지류개불득살
노군(老君)께서 말씀하셨다
살생(殺生)을 금(禁)하라 한 계살(戒殺)이란
일체중생(一切衆生)은 어느 것이나
살아서 움직일 기력(氣力)이 있는 것은

一二三

공중(空中)을 빙빙 돌며 날아다니는 것이나
땅을 꿈틀거리며 기어다니는 것이거나
어느 것이라도 죽여서는 안 된다.

◉ **老君曰戒盜者一錢以上有主無主非已之物皆不妄取**

노군(老君)께서 말씀하셨다.

남의 것을 몰래 훔치거나 강제(强制)로 빼앗는
투도(偸盜)를 금(禁)하라 한 계도(戒盜)란
단돈 한 푼(一錢)이라도 모두 주인(主人)이 있고
주인(主人)이 없는 물건(物件)일지라도 함부로 가져서는 안 된다.

◉ **老君曰戒婬者非夫婦若出家人不妻不娶若男若女皆不得**

노군(老君)께서 말씀하셨다.

사음(邪婬)을 금(禁)하라 한 계음(戒婬)이란
부부(夫婦)가 아닌데 관계(關係)를 갖는 정사(情事)를 말한다.
수도(修道)하기 위(爲)해 출가(出家)한 사람은

시집을 가서 다른 남자(男子)의 처(妻)가 되어서도 안 되고
장가(丈家)를 들어 다른 여자(女子)의 남편(男便)이 되어서도 안 된다.
남자(男子)거나 여자(女子)거나를 막론(莫論)하고

犯 범

모두 음계(婬戒)를 범(犯)해서는 안 된다

◉ 老君曰戒妄語者若不聞不見非心所了而向人說皆爲妄語

로군왈계망어자약불문불견비심소료이향인설개위망어

노군(老君)께서 말씀하셨다
말을 함부로 하거나 망령(妄靈)된 말을 하지 말라는
계망어(戒妄語)란 만약(萬若)에
자기(自己)가 자기(自己) 귀로 듣지도 않은 말이나
자기(自己)가 자기(自己) 눈으로 보지 않은 것이나
자기(自己) 마음으로도 도저(到底)이 이해(理解)가 안 되는 것을
남에게 말하면
이는 모두 망령(妄靈)된 말로 망어계(妄語戒)를 범(犯)하는 것이다

⦿ 老君曰戒酒者非身病非法禮皆不得飮

노군(老君)께서 말씀하셨다
술을 마시지 말라 한 계주(戒酒)란
몸에 병(病)이 들어 신병(身病)이 있는 것도 아니고
례(禮)를 올리기 위(爲)하여 법례(法禮)에 쓰는 것도 아닌 것은
모두가 음주계(飮酒戒)를 범(犯)하는 것이다

⦿ 老君曰是五戒者持身之本持法之根

노군(老君)께서 말씀하셨다
이 오계(五戒)는
일신(一身)을 지키는 근본(根本)이 되고
삼청법(三淸法)을 지키는 뿌리가 되느니라

⦿ 善男子善女人

노군(老君)께서 하시는 말씀을
이와 같이 듣고

윤희(尹喜)가 발원(發願)하였다

선남자(善男子) 선녀인(善女人)이

⊙ 願樂善法
  원 락 선 법

원(願)하건대
최상(最上)의 선법(善法)을
즐겁게 행(行)할 수 있도록 하여 주소서!

⊙ 受持終身不犯不毀
  수 지 종 신 불 범 불 훼

계(戒)를 수지(受持)하기를
종신(終身)토록 범(犯)하거나 무너트리지 말게 하소서!

⊙ 是爲淸信得經得法永成道眞
  시 위 청 신 득 경 득 법 영 성 도 진

이와 같이 청신(淸信)한 몸으로
도덕경(道德經)도 얻고 계법(戒法)도 함께 얻게 하여서

- ## 於是尹喜聞受旣已
어시윤희문수기이

이와 같이 윤희(尹喜)는
노군(老君)께서 설(說)하시는 계법(戒法)을 듣고 수지(受持)하였다.

영원(永遠)히
도(道)를 성취(成就)하고 진인(眞人)도 이루도록 하여 주소서!

- ## 再拜而問何故有五
재배이문하고유오

노군(老君)께 다시 재배(再拜)를 올리며
윤희(尹喜)가 노군(老君)께 여쭈었다
어찌하여 하필(何必)이면 오(五)라는 수(數)가 있게 된 것입니까?

- ## 老君曰五者攝一切惡
로군왈오자섭일절악

노군(老君)께서 말씀하셨다.
다섯 가지 오계(五戒)란
모든 일체악(一切惡)을 모두 거두어들이기 때문이다.

◉ **猶天有五精以攝萬靈**
유천유오정이섭만령

이는 마치
하늘의 오정(五精)이 온갖 만령(萬靈)을 모두 통섭(通攝)하는 것과 같다.

◉ **地有五行以攝羣生**
지유오행이섭군생

땅에는 오행(五行)이 있어서
어떤 생명(生命)이든 생길 때에
오행(五行)이 조화(調和)를 이루어 태어나게 해 주며

◉ **人有五藏以攝神明**
인유오장이섭신명

사람에게는 오장(五藏)이 있어서
신명(神明)이 오장(五藏)에 깃들게 되는 것이다.

◉ **戒者防也防其失也**
계자방야방기실야

계(戒)란 방지(防止)하는 것이다

예방(豫防)이란 잃어버리지 않도록 미리 방비(防備)하는 것이다.

◉ **失而不防則三塗盈逸天人虛空**
실이불방칙삼도영일천인허공

과실(過失)을 미리 방지(防止)하지 아니하면 삼악도(三惡塗)가 차고 흘러넘쳐서 천인(天人)들의 발길은 끊어지고 허공(虛空)은 텅 비게 될 것이다.

◉ **是故五也**
시고오야

그리하여 오(五)라고 일컫게 된 것이니라.

◉ **尹喜曰大乎戒也何故失耶**
윤희왈대호계야하고실야

윤희(尹喜)가 말씀을 올렸다.
참으로 계법(戒法)이 대단하나이다. 그런데 이러한 계법(戒法)을 어떠한 연고(緣故)로 잃나이까?

◉ **老君曰本得無失旣失而得亦無所失**
로 군 왈 본 득 무 실 기 실 이 득 역 무 소 실

노군(老君)께서 말씀하셨다.
본래(本來) 얻어 있기에 잃은 것이 아니고
이미
지나간 때에 잃어서 다시 얻게 된 것이니
이 또한
얻었으므로 잃은 것이 아니도다.

◉ **尹喜曰敢問其本**
윤 희 왈 감 문 기 본

윤희(尹喜)가
노군(老君)께 여쭈었다.
감(敢)히 묻겠습니다.
본래(本來)라는 본(本)은 무엇을 말하는지요?

◉ **老君曰今當爲爾具說其本**
로 군 왈 금 당 위 이 구 설 기 본

노군(老君)께서 말씀하셨다.

이제 당연히 그대에게 그 본(本)에 대(對)하여 설명(說明)하겠다.

◉ 諦聽諦聽受持普爲一切之所知也
체청체청수지보위일절지소지야

상세(詳細)히 듣고 상세(詳細)히 들어라.
그리고
계법(戒法)을 잘 수지(受持)하고
일체(一切)를 아는 바대로 널리 보도(普度)하도록 하라.

◉ 尹喜再拜恭立而聽
윤희재배공립이청

윤희(尹喜)는
노군(老君)께 재배(再拜)를 올리고 나서
공손(恭遜)히 서서 들었다.

◉ 老君曰五戒者天地並始萬物並有
로군왈오계자천지병시만물병유

노군(老君)께서 말씀하셨다.
오계(五戒)는 천지(天地)와 함께 시작(始作)되었고

三二一

만물(萬物)과 함께 존재(存在)한다.

◉ 持之者吉失之者凶
　지 지 자 길 실 지 자 흉
　지키는 자(者)는 길(吉)하고
　잃어버리는 자(者)는 흉(凶)할 것이다.

◉ 過去成道莫不由之
　과 거 성 도 막 불 유 지
　지나간 과거세(過去世)에 성도(成道)하신 분들은
　모두
　이를 연유(緣由)로 하여 이루지 않은 분들이 없다.

◉ 故其神二十五也
　고 기 신 이 십 오 야
　원래(原來) 신(神)에는
　이십오위(二十五位)의 신(神)이 있다.

⊙ **經文五千是其義也**
경 문 오 천 시 기 의 야
경문(經文) 오천(五千) 마디에 모두 그러한 뜻이 담겨 있다.

⊙ **老君曰五戒者在天爲五緯**
로 군 왈 오 계 자 재 천 위 오 위
노군(老君)께서 말씀하셨다
오계(五戒)란 하늘에 있어서는 오위(五緯)이다.

⊙ **天道失戒則見災祥**
천 도 실 계 칙 견 재 상
천도(天道)가 계법(戒法)을 잃으면
흉(凶)한 징조(徵兆)가 일어나고 재앙(災殃)이 덮칠 것이다.

⊙ **在地爲五嶽**
재 지 위 오 악
땅에 있어서는 오악(五嶽)이다.

● **地道失戒則百穀不成**
_{지 도 실 계 칙 백 곡 불 성}

지도(地道)가 계법(戒法)을 잃으면
온갖 백곡(百穀)들이 씨앗을 맺지 못한다.

● **在數爲五行**
_{재 수 위 오 행}

숫자(數字)로는 오행(五行)이다.

● **五數失戒則水火相薄金木相傷**
_{오 수 실 계 칙 수 화 상 박 금 목 상 상}

오수(五數)가 계법(戒法)을 잃으면
물(水)과 불(火)이 서로 박대(薄待)하고
금(金)과 목(木)이 서로 상해(傷害)를 가(加)하게 된다.

● **在治爲五帝**
_{재 치 위 오 제}

치세(治世)에 있어서는 오제(五帝)가 된다.

◉ **五帝失戒則祚天身亡**

오제(五帝)가 계법(戒法)을 잃으면 하늘이 내리는 복(福)을 받지 못하고 일찍 죽게 된다.

◉ **在人爲五藏**

사람에게 있어서는 오장(五藏)이다.

◉ **五藏失戒則性發狂**

오장(五藏)이 계법(戒法)을 잃으면 성질(性質)이 발광(發狂)한다.

◉ **老君曰是五者戒於此而順於彼**

노군(老君)께서 말씀하셨다. 오(五)라고 하는 것은 이 계법(戒法)을 가지고 상대방(相對方)에게 순응(順應)하는 것이다.

● **故殺戒者東方也受生之氣尙於長養而人犯殺則肝受其害**

살생(殺生)을 하지 말라는 살계(殺戒)는 동방(東方)을 말한다.
동방(東方)은
생기(生氣)를 받아 장생(長生)을 도모(圖謀)해야 하는 곳인데
오히려
사람이 살기(殺氣)를 휘둘러 살생(殺生)을 범(犯)하면
간(肝)이 그 피해(被害)를 입게 된다.

● **盜戒者北方也太陰之精主於閉藏而人爲盜則腎受其殃**

도둑질을 하지 말라는 도계(盜戒)는 북방(北方)을 말한다.
북방(北方)은
태음(太陰)의 정(精)으로
닫고 거두어들이고 간직하는 일을 주(主)로 역사(役事)하는데
사람이 도둑질하는 도계(盜戒)를 범(犯)하면
신(腎)이 재앙(災殃)을 받게 된다.

◉ 婬戒者西方也少陰之質男女貞固而人好婬則肺受其沴

婬행(婬行)을 하지 말라는 음계(婬戒)는 서방(西方)이다
서방(西方)은
소음물질(少陰物質)인 질소(質素)의 정(精)을 간직하고 있어서
남자(男子)거나 여자(女子)거나
정절(貞節)을 견고(堅固)하게 해주는 것인데
사람들이 음행(婬行)하기를 좋아하고 일삼으면
폐(肺)가 손상(損傷)을 당한다.

◉ 酒戒者南方火也太陽之氣物以之成而人好酒則心受其毒

술을 마시지 말라는 주계(酒戒)는 남방화(南方火)이다.
남방화(南方火)는
태양(太陽)의 기운(氣運)이 모여
화력(火力)으로
물질(物質)이 성체(成體)를 이루도록 하고 있는데
사람이 술을 즐기면
심장(心藏)은 독(毒)을 마시는 것이 된다.

⦿ 妄語戒者中央土德信而人妄語則脾受其辱

망어계자중앙토덕신이인망어칙비수기욕

망령(妄靈)된 말을 말라는 망어계(妄語戒)는 중앙토(中央土)이다. 덕(德)으로 역사(役事)하기 때문에 신망(信望)이 두터운 것인데 사람들이 두서(頭緒)없이 망발(妄發)을 하면 비장(脾藏)이 치욕(恥辱)을 당한다.

⦿ 五德相資不可虧缺

오덕상자불가휴결

오덕(五德)은 서로가 서로를 자량(資糧)으로 삼기 때문에 부족(不足)하거나 파손(破損)되면 안 된다.

⦿ 老君曰此五失一卽命不成

로군왈차오실일즉명불성

노군(老君)께서 말씀하셨다.
이 다섯 가지 가운데 어느 하나라도 잃게 되면 생명(生命)을 부지(扶持)하기가 매우 어렵게 될 것이다.

- **是故不殺者乃至無有殺心**
  시고불살자내지무유살심

  그러므로 살생(殺生)하지 말라는 불살(不殺)은 마음에서 살심(殺心)조차 없애버리는 것이다.

- **不盜乃至無有邪取**
  불도내지무유사취

  도둑질하지 말라는 불도(不盜)는 사악(邪惡)하게 갈취(喝取)하는 일을 없애는 것이다.

- **不婬乃至無有邪念**
  불음내지무유사념

  음행(婬行)하지 말라는 불음(不婬)은 사음(邪婬)하려는 생각마저 잘라내야 한다는 것이다.

- **不酒乃至無有勢力**
  불주내지무유세력

  술을 마시지 말라한 불주(不酒)는 과시(誇示)하려는 힘자랑도 없애라는 것이다.

◉ **不妄語乃至無有漏泄**
불 망 어 내 지 무 유 누 설

함부로 말하지 말라는 불망어(不妄語)는
사소한 비밀(秘密)이라도 함부로 누설(漏泄)말라는
것이다.

◉ **如是可謂成也**
여 시 가 위 성 야

계법(戒法)을
이와 같이 준행(遵行)하고 지켜나간다면
갈망(渴望)하는 바대로 모두 성취(成就)할 것이다.

◉ **老君曰戒中婬酒能生五惡**
로 군 왈 계 중 음 주 능 생 오 악

노군(老君)께서 말씀하셨다.
경계(警戒)하라 한
음행(婬行)과 음주(飮酒)는
오악(五惡)을 능(能)히 생기게 한다.

⊙ 戒者戒惡也惡世之中男女謹婬罹於骨肉

계(戒)란
악(惡)을 경계(警戒)하라는 것이다.
오탁악세(五濁惡世)에 있는
남녀(男女)가
시끄럽게 음욕(婬慾)을 행(行)하면
그 화(禍)가 골육지친(骨肉之親)에게 까지 미치고
이는
하늘의 천덕(天德)을 훼손(毁損)하고 경멸(輕蔑)하는 것이 된다.

⊙ 上慢下暴毁蔑天德

위로는 오만방자(傲慢放恣)한 것이고
아랫사람에게는 포악(暴惡)하게 구는 것으로
이는
하늘의 천덕(天德)을 훼손(毁損)하고 경멸(輕蔑)하는 것이 된다.

⊙ 沈酗爭訟禍命辱身

술에 녹초가 되어 다투고 소송(訴訟)을 벌리면

명(命)에 화(禍)가 닥치기도 하고 몸을 욕(辱)되게도 한다.

⊙ 妄詐欺誑罔有所由
망사기광망유소유

망령(妄靈)된 말로 사기(詐欺)치거나 속이거나
걸리는 대로 무엇이든 숨기고 감추려 드는 것이다.

⊙ 六親相盜非但於他
육친상도비단어타

육친(六親)끼리도 서로 훔치기도 한다.
투도(偸盜)는 남에게서만 훔치는 것이 아니다.

⊙ 殺害衆生利養身口
살해중생리양신구

다른 생명(生命)을 죽이고 해코지 하여
내 몸을 살찌우고 입맛을 돋우려 한다.

⦿ 如此等輩見生受業永墮諸苦
여차등배견생수업영추제고

이와 같은 무리들은
살아서는 업보(業報)를 받게 되는 것을 볼 것이고
죽어서는 지옥(地獄)에 떨어져 온갖 고통(苦痛)을 겪게 될 것이다.

⦿ 備加五惡無有休限
비가오악무유휴한

자기(自己)가 준비(準備)한 대로
오악(五惡)의 고통(苦痛)을 받을 뿐만 아니라
잠시(暫時)라도 쉴 틈이 없을 것이다.

⦿ 如有出者
여유출자

더러는 환생(還生)되어 나오는 자(者)도 있지만,

⦿ 當在邊夷短命傷殘
당재변이단명상잔

변방(邊方)의 오랑캐로 태어나서

살해(殺害) 당하거나 단명보(短命報)를 받기도 하고
상처(傷處)를 입고 불구자(不具者)가 되기도 한다.

⊙ 夫婦醜惡及不貞廉
부부추악급불정렴

사음(邪婬)의 응보(應報)를 받는 것은
부부(夫婦)가 서로 추악(醜惡)하게 행동(行動)하고
정조(貞操)도 없고 염치(廉恥)도 없다.

⊙ 貧窮凍露在處不安如有財畜爲人所奪
빈궁동로재처불안여유재축위인소탈

도둑질한 응보(應報)로는
가난하게 태어나서
한 겨울철에도 헐벗은 몸으로 추위에 떨게 된다.
어디를 가든 불안하고
설사(設使)
재물(財物)과 가축(家畜)이 있어도 남에게 빼앗긴다.

⊙ **言說不信人所不親**
언 설 불 신 인 소 불 친

망어죄(妄語罪)를 지은 응보(應報)로는
아무리 좋은 말을 하여도
사람들이 곧이들으려 하지도 않고 가까이 하려 하지도 않는다.

⊙ **意慮昏塞衆所慢輕**
의 려 혼 색 중 소 만 경

음주죄(飮酒罪)를 지은 응보(應報)는
의식(意識)이 뚜렷하지 못하고
사려(思慮)가 옹색(壅塞)하고 흐리멍덩하므로
많은 사람들이 오만(傲慢)하게 대(對)하며 경멸(輕蔑)한다.

⊙ **老君曰淸信男淸信女奉持戒行見世安樂無有憂惱**
로 군 왈 청 신 남 청 신 여 봉 지 계 행 견 세 안 락 무 유 우 뇌

노군(老君)께서 말씀하셨다
청신남(淸信男)과 청신녀(淸信女)가
계법(戒法)을 지켜 받들고 진실(眞實)로 행(行)하면
세상(世上)에 살면서 언제나 안락(安樂)할 것이며

四六

근심과 걱정과 번뇌(煩惱)가 없을 것이다.

- ⊙ 衆所恭敬 (중소공경)
  모든 대중(大衆)들이 항상 공경(恭敬)할 것이다.

- ⊙ 見者懽喜 (견자환희)
  보는 사람마다
  만나는 사람마다 반기고 기뻐할 것이다.

- ⊙ 常蒙利養 (상몽리양)
  늘상 이익(利益)도 주고 도움도 줄 것이다.

- ⊙ 一切歸仰 (일절귀앙)
  일체(一切)가 모두 따르고 추앙(推仰)할 것이다.

◉ **其智深微**
기 지 심 미

지혜(智慧)는
심오(深奧)해지고 정미(精微)로와질 것이다.

◉ **處在淸靜四大完堅**
처 재 청 정 사 대 완 견

이르는 곳마다 청정(淸靜)하므로
사대색신(四大色身) 또한 완전(完全)해지고 견고(堅固)해질 것이다.

◉ **故能修集衆法以成道眞**
고 능 수 집 중 법 이 성 도 진

그렇게 되면
온갖 법(法)에 집중(集中)하여 닦을 수 있어
도(道)를 이루고 진인(眞人)의 섬돌도 밟을 수 있게 될 것이다.

◉ **尹喜再拜曰敢問受持之法**
윤 희 재 배 왈 감 문 수 지 지 법

윤희(尹喜)가 재배(再拜)를 올리며

四八

태상노군(太上老君)께 여쭈었다.

감(敢)히 묻겠나이다.

계법(戒法)을 어떠한 방법(方法)으로 수지(受持)해야 하는지요?

⊙ 老君曰若男子女人聞法生信歸身三寶
_{로 군 왈 약 남 자 여 인 문 법 생 신 귀 신 삼 보}

노군(老君)께서 말씀하셨다.

만약(萬若)

남자(男子)나 여자(女子)나

계법(戒法)을 듣고 신심(信心)이 생겼다면

온 몸을 다 바쳐

삼보(三寶)에 귀의(歸依)해야 할 것이다.

⊙ 卽時稽顙
_{즉 시 계 상}

곧바로 윤희(尹喜)가 이마가 땅에 닿도록 조아렸다.

四九

- ⦿ **歸身大道歸神大道歸命大道** (귀신대도귀신대도귀명대도)
  온 몸을 다 바쳐 대도(大道)에 귀의(歸依)하고
  온 신명(神明)을 다 불살라 대도(大道)에 귀의(歸依)하고
  목숨이 다 하도록 대도(大道)에 귀의(歸依)하겠나이다.

- ⦿ **男子女人** (남자여인)
  남자(男子)나 여인(女人)이

- ⦿ **捨世邪法** (사세사법)
  세상(世上)의 사악(邪惡)한 법(法)을 버리고

- ⦿ **奉持正戒** (봉지정계)
  올바로 정계(正戒)를 받들고 지키며

⦿ **盡身盡命終不毀犯**
진 신 진 명 종 불 훼 범

몸을 다 바치고 목숨까지도 다 바쳐서
훼손(毀損)시키거나 범(犯)하지 않도록 하겠나이다.
죽을 때까지

⦿ **於是讚誦恭心而受**
어 시 찬 송 공 심 이 수

이와 같이 찬탄(讚嘆)하고 외우며
공손(恭遜)한 마음으로 받아 지녔다

⦿ **老君曰若復男子女人受正戒已進求經法**
로 군 왈 약 복 남 자 여 인 수 정 계 이 진 구 경 법

노군(老君)께서 말씀하셨다
만약(萬若)에
남자(男子)나 여인(女人)이
계법(戒法)을 올바로 받았다면
이제는
경법(經法)을 구(求)해야 할 것이다。

五一

⦿ 先當受戒
선당수계

제일 먼저 우선적(優先的)으로 해야 할 일은 당연(當然)히 먼저 계법(戒法)을 받아 익혀야 하는 것이다.

⦿ 一一堅淨然後授與
일일견정연후수여

모든 행동(行動)이 일일이 견고(堅固)해지고 정갈해진 연후(然後)에 도덕경(道德經)을 수여(授與)해 주면 될 것이다.

⦿ 旦暮恭心不怠時節
단모공심불태시절

아침이거나 저녁이거나 공손(恭遜)한 마음으로 때때마다 게으르거나 태만(怠慢)해서는 안 될 것이다.

⊙ 月修十直
월 수 십 직

매월(每月)에 지켜야 할 날은 십직일(十直日)이 있고

⊙ 年用三齋
년 용 삼 재

일년(一年)에는 삼재(三齋)가 있다.

⊙ 誦經萬遍白日登晨
송 경 만 편 백 일 등 신

송경(誦經)하기를 백일(白日)을 관통(貫通)하여 만편(萬遍)에 이르면 천기(天氣)가 낭랑(朗朗)한 새벽에 승천(昇天)하게 될 것이다.

⊙ 若爲人敷說宜通妙義大利衆生乃拔三塗一切諸苦
약 위 인 부 설 의 통 묘 의 대 리 중 생 내 발 삼 도 일 절 제 고

만약(萬若)에 사람들에게 충분(充分)히 설명(說明)해 주어서 의당(宜當)하게 묘의(妙義)를 통달(通達)하고 중생(衆生)들에게 크게 이익(利益)됨이 있다면 삼도(三塗)의

일체(一切)의 모든 고통(苦痛)을 뿌리까지 뽑을 수 있게 될 것이다.

⊙ 以是功德能斷宿命無量諸根得昇上清無復退墮

이러한 공덕(功德)은 능(能)히 숙명(宿命)을 끊어버릴 수도 있고 무량(無量)한 선근(善根)도 뿌리를 내릴 수가 있어서 한 번 상청(上清)에 오르면 다시 밀려나거나 타락(墮落)하는 일은 없을 것이다.

⊙ 老君曰清信男清信女在家出家受持經法願樂神仙日夜誦

노군(老君)께서 말씀하셨다
청신남(清信男)이나 청신녀(清信女)나 재가자(在家者)나 출가자(出家者)든 어느 누구를 막론(莫論)하고 모두
경법(經法)과 계법(戒法)을 일심(一心)으로 수지(受持)하고 즐거운 마음으로 신선(神仙)되기를 발원(發願)할 것이며

- **讀求諸妙義**
  독구제묘의

  밤낮으로 송독(誦讀)하며
  제법(諸法)의 묘의(妙義)를 간구(懇求)하도록 하라.

- **去諸誼雜調心制性**
  거제훤잡조심제성

  온갖 시끄럽고 난잡(亂雜)한 것을 물리치고
  마음을 고르게 하고 성질(性質)을 억제(抑制)하라.

- **柔顏善氣勸諸男女**
  유안선기권제남녀

  부드러운 얼굴과 화기(和氣)가 어리는 착한 태도(態度)로
  모든 남녀(男女)들에게 권면(勸勉)하라.

- **遠離五惡受持五戒供養三寶**
  원리오악수지오계공양삼보

  오악(五惡)을 멀리 하고
  오계(五戒)를 수지(受持)하고

지극(至極)한 마음으로 삼보(三寶)를 공양(供養)하라.

⊙ 取令成就不擇甘苦

취령성취불택감고

발원(發願)하는 바 갈망(渴望)을 성취(成就)하기 위(爲)해서는
달거나 쓰거나 하는 것을 가려내서는 안 된다.

⊙ 若具持大戒苦行精勤布施忍辱捨身救物

약구지대계고행정근포시인욕사신구물

만약(萬若)
대계(大戒)를 수지(受持)한다면
고행(苦行)과
정근(精勤)과
포시(布施)와
인욕(忍辱)과
사신(捨身)과
구물(救物)을 모두 갖추도록 할 것이다.

⦿ **若復離世獨往幽栖專想至寂衆難不驚**
약 복 리 세 독 왕 유 서 전 상 지 적 중 난 불 경

만약(萬若)에
세속(世俗)을 떠나
홀로 외딴곳에서
명상(瞑想)에 전념(專念)하며 적멸(寂滅)에 사무치고자 할 때에
세간(世間)의
어떠한 소란(騷亂)에도 놀라거나 들은 척도 아니하면

⦿ **必至無爲**
필 지 무 위

반드시 무위(無爲)에 이르게 될 것이다.

⦿ **尹喜曰奉經有犯乎**
윤 희 왈 봉 경 유 범 호

윤희(尹喜)가
노군(老君)께 여쭈었다.
경법(經法)을 받들다가 어기면 어찌 되나이까?

● 老子曰十有三者也
　노자왈십유삼자야
　노자(老子)님께서 말씀하셨다.
　열세 가지가 있나니라.

● 尹喜曰何謂也
　윤희왈하위야
　윤희(尹喜)가 여쭈었다
　무엇을 이르시는 말씀인지요?

● 老子曰爾諦聽之
　노자왈이체청지
　노자(老子)님이 말씀하셨다.
　그대는
　상세(詳細)히 경청(傾聽)하도록 하라.

● 十有三者六塵六識皆由於心
　십유삼자육진육식개유어심
　십(十)에다 삼(三)이라고 하는 것은

● **是故婬貪疾恚**
_{시 고 음 탐 질 에}

육진(六塵)과 육식(六識)인데
이는 모두 마음을 꼬투리로 삼아 일어난다.

그러한 연고(緣故)로
음욕(婬慾)에서
간탐(慳貪)이 일어나고
질시(疾視)가 생기게 되고
진에(嗔恚)가 터져 나오게 되는 것이다.

● **欺盜妄詐**
_{기 도 망 사}

사기(詐欺)치게 되고
투도(偸盜)하게 되며
망령(妄靈) 떨게 되며
거짓말만 하게 되는 것이다.

◉ 綺言兩舌 (기언량설)

교묘(巧妙)한 말로 감언이설(甘言利說)을 하며 한 입에 혀 하나를 가지고 두 가지 말을 한다.

◉ 諂利持權 (첨리지권)

아첨(阿諂)하면서 이익(利益)을 챙기고 권세(權勢)를 지키려 한다.

◉ 溷集破法 (혼집파법)

지저분하게 어울리며 계법(戒法)을 파괴(破壞)하는데

◉ 非淸信也 (비청신야)

이는 청신남녀(淸信男女)가 아니다.

⊙ 天網不失
천 망 불 실
하늘 그물인 천망(天網)은
하나라도 놓쳐서 유실(遺失)시키는 법(法)이 없다.

⊙ 生死無地
생 사 무 지
살아서나 죽어서나 디딜 땅도 없을 것이다.

⊙ 如此等人非其智分
여 차 등 인 비 기 지 분
이와 같은 것은 지혜(智慧)로운 사람이 아니면
분간(分揀)하여 가려낼 수가 없다.

⊙ 染污至法毀廢善根
염 오 지 법 훼 폐 선 근
웅덩이까지 오염(汚染)되고 계법(戒法)이 훼손(毀損)되면
설령(設令)
선근(善根)일지라도

어쩔 도리(道理)없이 폐기(廢棄)해야 할 것이다.

⊙ 不爲善人之所知識
불위선인지소지식

선행(善行)을 행(行)해 본 일이 없는 사람들이 자기는 선지식(善知識)이라고도 한다.

⊙ 備衆生身
비중생신

자기(自己) 자신(自身)이 예비(豫備)한 바대로 거기에 따라 그러한 중생(衆生)의 몸을 받게 되는 것이다.

⊙ 種於婬慾無所憎避
종어음욕무소증피

음욕(婬慾)의 씨를 뿌려 태어나면 창피한 줄도 모르고 피(避)할 줄도 모른다.

⦿ 常懷怖畏
상회포외

항상(恒常) 두려워하고 무서워하라.

⦿ 若在地獄五痛無間
약재지옥오통무간

만약(萬若)
지옥(地獄)에 들어가게 되면
잠시(暫時)라도 쉴 틈이 없는 오통(五痛)의 고통(苦痛)을 받게 된다.

⦿ 如此受身備諸苦惡
여차수신비제고악

이와 같이 수형(受刑)을 다 치르고 나서
세상(世上)에 태어나 육신(肉身)을 받아도
예비(豫備)된 또다른 온갖 고통(苦痛)이 기다린다.

⦿ 物所懷惡
물소회악

동물(動物)들도

그러한 나쁜 고통(苦痛)에 서리고 휘말려 있는 것이다.

⊙ 無有救治
_{무 유 구 치}

그러나 구(救)할 수 있거나 치료(治療)할 방법(方法)도 없다.

⊙ 生死輪轉無聞無見
_{생 사 륜 전 무 문 무 견}

생사(生死)가 윤회(輪廻)하며 전변(轉變)하는 것은 들을 수도 없고 볼 수도 없다.

⊙ 皆由一念中生至無數念其對無窮
_{개 유 일 념 중 생 지 무 수 념 기 대 무 궁}

그러므로 무문무견(無聞無見)에서 비롯되는 일념(一念)이 헤아릴 수 없이 수많은 무수(無數)한 념(念)으로 일어나 수많은 념념(念念)이 이르는 곳마다 대치(對峙)가 일어나 끝날 날이 없는 것이다.

太上老君戒經
태상노군계경

— 주해서(註解書)

太上老君戒經 — 주해서(註解書)
태상노군계경

태상노군(太上老君)께서
도덕경(道德經)과 함께 전(傳)한 별책계경(別冊戒經)

戒上
계상

계(戒)가 가장 위에 있다.

老君西遊將之天竺
로군서유장지천축

태상노군(太上老君)께서 서쪽으로
천축(天竺)을 향(向)하여 주유(周遊)를 떠나실 적에、

周幽王之末去周而西之於天竺天竺國名也事出玄妙內
주유왕지말거주이서지어천축천축국명야사출현묘내

주유왕(周幽王) 말년(末年)에 노군(老君)은
주(周) 나라를 버리고 서쪽으로 천축(天竺)을 향(向)하였다

篇
천축(天竺)은 나라 이름이다.

이에 관(關)한 일은 현묘내편(玄妙內篇)에 기록(記錄)되어 있다.

以道德二經授關令尹喜喜受經畢又請持身奉經之法

도경(道經)과 덕경(德經) 두 가지 경(二經)을 관령(關令)인 윤희(尹喜)에게 전수(傳授)하였다. 경(經)을 받은 윤희(尹喜)는 노군(老君)에게 몸가짐을 어떻게 하고 도덕경(道德經)을 어떻게 받들어야 하는지 봉경법(奉經法)을 여쭈었다.

授經之事具載記傳此略序請戒之端耳受經旣竟理應宣

도덕경(道德經)을 전수(傳授)한 일은
모두 기전(記傳)에 기재(記載)한 바가 있으므로
여기에서는 어떻게 계(戒)를 지켜야 되는지를
노군(老君)께 여쭈어본 것을 간략(簡略)하게 서술(敍述)한 것이다.
이미 경(經)을 받았고
이치(理致)를 알았다면 마땅히 널리 전파(傳播)하여야 할 것이다.

通故重請奉經持身持身之法備在經文但文旨深微非始
통 고 중 청 봉 경 지 신 지 신 지 법 비 재 경 문 단 문 지 심 미 비 시

그러므로 거듭
경(經)을 어떻게 받들고 몸가짐은 어떻게 가져야 하는지를
몸가짐은 어떻게 가져야 하는지에
대(對)한
지신법(持身法)은 경문(經文)에 있으나
문맥(文脈)의 흐름이 너무 깊고 문장(文章)의 뜻이 심오(深奧)하여

學便曉故別請其要以祈後語者也
학 편 효 고 별 청 기 요 이 기 후 어 자 야

처음 배우려고 하는 사람들은 그 뜻을 밝히기가 매우 어려운 바가 있어
윤희(尹喜)가

老君於是復授喜要戒普令一切咸持度世
謂但持戒去惡自得度世然持戒者乃爲奉經奉經者必在

태상노군(太上老君)에게
별도(別途)로 따로 간청(懇請)을 하여
도덕경(道德經) 이외(以外)의 말씀을 들려주시기를 요망(要望)한 것이다.

태상노군(太上老君)께서
다시
윤희(尹喜)에게 노군계경(老君戒經)을 전수(傳授)해 주시면서
널리 보도(普渡)하여 일체중생(一切衆生)들이
모두 지키고 다함께 세상(世上)을 건널 것을 당부(當付)하셨다.

노군(老君)께서 이르신 이 말씀은
계(戒)를 지키고 악(惡)을 제거(除去)하면
이것이 바로 세상(世上)을 건너게 된다는 말씀이다.
그러므로
계(戒)를 지킨다는 것은 경(經)을 받든다는 것을 말하고
봉경자(奉經者)는 반드시 구도(求道)해야 할 것이다.

求道今既聞奉持之法且舉戒而言也
구도금기문봉지지법차거계이언야

이제 이미 경(經)을 받들고 지키는 법(法)을 들었으니
그대로 어김없이 실행(實行)해 나가고
엄중(嚴重)하게 계(戒)를 지켜나가라는 말씀이다

於是說頌三章
어 시 설 송 삼 장

이에 따라 게송(偈頌)으로 삼장(三章)을 말씀해 주시었다

頌者美其事也明持戒奉法並爲道之因故先誦其宗致以
송자미기사야명지계봉법병위도지인고선송기종치이

송(頌)이란
삼장(三章)을 송(頌)하시는 아름다운 그 일이다
밝게 계(戒)를 지키고 법(法)을 받들며
도(道)까지도 아울러 수행(修行)해 나간다면,

그러므로
먼저 찬송(讚頌)하여 종가(宗家)에 이르는 깨달음을 얻게 되고

悟始學令知其指歸也初章明持戒所得身心福漸次章明

공부(工夫)를 하는 사람들에게는
그들이
어디로 돌아가야 하는지를 알게끔 가리켜 주는 것이다.

초장(初章)은
밝게 계(戒)를 지킴으로 하여
몸과 마음이 청량(淸凉)해지는 신심복(身心福)을 얻는 것이고

其法旣普家國咸興天人同慶後章明自漸之深理窮於經

두 번째 차장(次章)은
법(法)에 밝음으로 하여
가정(家庭)과 국가(國家)에 널리 알리어
천인(天人)이 모두 환희(歡喜)하며 다 함께 경축(慶祝)하는 것이고

세 번째 후장(後章)은
스스로에게 있는 자명등(自明燈)이 밝아져서
점점(漸漸) 심오(深奧)한 이치(理致)에 파고 들어가

경(經)의 끝 간 데를 끝까지 밝혀내고

經理旣窮乃至成眞故有三章也
경리기궁내지성진고유삼장야

경(經)과 이치(理致)를 이미 끝까지 파헤친다면 이것이 바로 진상(眞常)에 다다르고 이루는 것이므로 이것을

삼장(三章)으로 나누어 말씀하시게 된 것이다.

樂法以爲妻
락법이위처

법(法)을 좋아하기를 사랑하는 처(妻)를 대(對)하듯 하라.

妻者栖也謂相依栖也陰陽肇氣人倫之道莫不由夫妻生
처자서야위상의서야음양조기인륜지도막불유부처생

처(妻)란 둥지이다.

이는 서로 의지를 삼고 서로 포근하게 기대는 것을 말한다.

태초(太初)에 음양(陰陽)의 기운(氣運)이 일어날 때 인륜(人倫)의 도(道)가 함께 일어나 질서(秩序)를 갖추었으므로

我者矣樂者謂並有待而相樂也一切衆生咸知樂妻若棲
아자의락자위병유대이상락야일절중생함지락처약서

음양(陰陽)의 핵(核)인 부처(夫妻)에 의(依)해 생기지 않은 것은 아무것도 없고 나 또한 그렇게 하여 생겨난 것이다.

좋아한다는 락(樂)은 마주하는 것이 있어야 서로가 함께 즐기는 것이다.

일체중생(一切衆生)들이 누구나 처(妻)와 사이좋게 지내는 것을 아는 것처럼

心法敎則無待匹偶而生理自足又明樂法能如樂妻則能
심법교칙무대필우이생리자족우명락법능여락처칙능

심법(心法)의 가르침 속에서 산다면

상대(相對)나 배우자(配偶者)가 없다하더라도

생리적(生理的)으로 스스로 만족(滿足)할 것이니

법(法)을 즐기는 일에 능(能)히 밝다면

사랑하는 처(妻)를 좋아하는 것과 똑 같아서

持身奉經也
지신봉경야

처(妻)를 사랑하듯이 몸을 정결(貞潔)히 지키고

삼청천(三淸天)을 받들 듯이 경(經)을 모실 것이다.

愛經如珠玉
애경여주옥

경(經)을 사랑하기를 보석(寶石)을 아끼듯 하라.

法語其所宗經指其所學愛者寶愛也世之所寶莫過珠玉

이 법어(法語)의 말씀은
배우는 사람들이 어떻게 공부(工夫)를 해야 하는지를 가리키는
경(經)의 종지(宗旨)이며 주지(主旨)이다.
애착(愛着)한다는 애(愛)란 보석(寶石)을 탐애(貪愛)하는 것이다.
세상(世上)에 주옥(珠玉)보다 더 좋은 보석(寶石)은 없으나

而世寶無益於心經法有求必得故令學人去彼而取此也

세상(世上)에 있는 이 보석(寶石)이 아무리 눈부시다 할지라도
이 보석(寶石)은
인간(人間)의 심성(心性)에는 어떠한 이익(利益)도 보탬도 주지 못한다.
경법(經法)에 있어서는 구(求)하면 반드시 얻는 것이 있기 때문에
학문(學問)하는 학인(學人)은 이것을 버리고 저것을 취(取)하는 것이다.

七五

持戒制六情

계(戒)를 지켜서 육정(六情)을 제압(制壓)하라.

六情者六欲也眼欲淫色耳欲淫聲鼻欲芬芳舌欲脂味身欲柔滑意欲放泆如此六事皆成乎心故爲之情也並是三

육정(六情)이라고 하는 것은 육욕(六欲)을 말한다
눈에서는 음색(淫色)의 욕정(欲情)이 일어나고
귀에서는 음성(淫聲)의 욕정(欲情)이 일어나고
코에서는 분방(芬芳)의 욕정(欲情)이 일어나고
혀에서는 지미(脂味)의 욕정(欲情)이 일어나고
몸에서는 유활(柔滑)의 욕정(欲情)이 일어나고
뜻은 방일(放泆)하고자 하는 욕정(欲情)에 휘둘린다.
이와 같은 여섯 가지의 욕사(欲事)는
모두가 마음에서
정(情)에 의(依)하여 일어나므로 정사(情事)라고 말하는 것이다.
또한

이 여섯 가지의 욕사(欲事)는

塗惡業故制而去也若不檢制縱恣六情生爲世人所惡死

도악업고제이거야약불검제종자육정생위세인소악사

삼악도(三惡塗)에 떨어지게 하는 악업(惡業)을 짓게 하므로
반드시 억제(抑制)하고 떼어버려야 하는 것이다.
스스로 점검(點檢)하거나 자제(自制)하지 않고
육정(六情)이 쏠리는 대로 망령(妄靈)되이 제멋대로 군다면
살아서는
세상(世上) 사람들의 혐오(嫌惡)를 받게 되고

爲鬼之所迫也

위귀지소박야

죽은 뒤에는
귀신(鬼神)들의 박해(迫害)를 받게 될 것이다.

念道遣所欲
념도견소욕

일념(一念)으로 도(道)에 사무쳐 욕정(欲情)을 몰아내라.

戒以防外念以攝內內攝由念道念道則所欲外亡西昇經
계이방외념이섭내내섭유념도념도칙소욕외망서승경

계(戒)라고 하는 것은,
계(戒)를 통(通)하여
밖에서 안으로 침입(侵入)해 오는 망령(妄靈)된 생각을 막고
안에서는 도(道)에 사무치는 일념(一念)을 일어나게 하는 것이다.
념도(念道)가 간절(懇切)해지면
외부(外部)에서 일어나는 여섯 가지 욕정(欲情)은 죽어 사라질 것이다.

云道之微心子未能別攝取於要愼戒勿失先損諸欲莫令
운도지미심자미능별섭취어요신계물실선손제욕막령

서승경(西昇經)에서 말하였다.
도(道)란
미약(微弱)한 것이고
마음이란
도저히 정체(正體)를 분별(分別)할 수 없는 것이므로 거두어 들여

七八

삼가고 경계(警戒)할지라.

절대로

우선(于先) 모든 욕정(欲情) 때문에

선천삼보(先天三寶)가 망실(亡失)되거나 손괴(損壞)되지 않도록 하고

意洙即此戒者也
의 일즉차계자야

선천의욕(先天意慾)이 꺾여

방탕(放蕩)하지 말게 하는 것이 곧바로 이 계(戒)이다.

淡泊正氣庭
담박정기정

담박(淡泊)한 정기(正氣)로 황정(黃庭)을 꽉 채우라.

人之所以躁競者由是六情之所使也若持戒念道則六情
인지소이조경자유시육정지소사야약지계념도칙육정

인간(人間)이 남과 권세(權勢)를 다투며 생존경쟁(生存競爭)을 하는 것은

이것이 바로

육정(六情)이 시킨바 되어 정욕(情欲)에 의(依)해 일어나는 일이다.

만약(萬若)

七九

계(戒)를 지키며 념도(念道)에 사무친다면

澄靜神安氣正邪惑所不能擾庭者黃庭也

육정(六情)은 맑아지고
심신(心神)은 안정(安定)되고
기백(氣魄)은 올바르게 되어서
사악(邪惡)한 것과 의혹(疑惑)의 무리들이
나의 목을 조르거나 뒤흔들지 못할 것이다.
정(庭)이란 황정(黃庭)을 말하는 것이다.

蕭然神靜默

텅 비어 아무것도 없는 듯이 정신(精神)을 가다듬고
조용히 침묵(沈默)하라.

蕭然無欲也靜默內定也

소연(蕭然)이란 텅 비어

天魔並敬護
천마병경호

魔謂五帝大魔也領人生死在六天之上若持戒奉法終獲
마위오제대마야령인생사재육천지상약지계봉법종회

천마(天魔)도
존경(尊敬)과 위호(衛護)를 아끼지 않을 것이다.

마(魔)란 오제대마(五帝大魔)를 말하는데
바로 이 오제대마(五帝大魔)가
욕계육천(欲界六天)의 위에서 인간(人間)의 생사(生死)를 다스린다.
만약(萬若)
인간(人間)이 누구라도 계(戒)를 지키고 법(法)을 받들고
그리고 끊임없이 용맹정진(勇猛精進)하여서

어떠한 욕정(欲情)에도 걸림이 없는 것이다.
정묵(靜默)이란 안으로
아무런 요동(搖動)도 없이 고정부동(固定不動)인 현상(現狀)을 말한다.

眞仙則超於三界故並爲其敬護也魔有四種除三在人身

진선(眞仙)의 천작(天爵)을 획득(獲得)하고
삼계(三界) 밖으로 벗어나는 진인(眞人)이 된다면
그 사람은
천마(天魔)의 존경(尊敬)을 받고 위호(衛護)도 받게 될 것이다.
마(魔)에는 네 종류(種類)가 있는데
셋을 제외(除外)하고 나머지 하나만 인신(人身)에 있으므로

中故曰天魔

천마(天魔)라고 말하는 것이다.

世世受大福

세세(世世)마다에 걸쳐 대복(大福)도 받을 것이다.

謂持戒念道衆惡不生善因日建雖經生死今身後身常在

이른바
수정(水晶)처럼 맑은 지계(持戒)와
도(道)를 향(向)하여 한결같은 념도(念道)가 사무쳐서
어떤 악(惡)이라도 싹마저 돋아나지 않게 하면
선(善)의
인과(因果)가 날로 해로 더하여져
규모(規模)를 갖추고 틀을 이루게 되므로
비록 어쩔 수 없이
생사(生死)는 거칠지라도
이 세상(世上)의 몸과
저 세상(世上)의 몸은

福中及至成道故云大也
복 중 급 지 성 도 고 운 대 야

항상(恒常) 언제나 축복(祝福) 속에 있을 것이고
더 나아가 언젠가는
틀림없이
도(道)를 이루게 될 것이므로
그래서
크다고 큰 대자(大字)를 써서 대복(大福)이라 한 것이다.

鬱鬱家國盛濟濟經道興

집집마다 번창(繁昌)하고 국운(國運)이 융성(隆盛)해져
인재(人才)도 넘쳐나고 도덕(道德)도 흥왕(興旺)할 하리라.

謂持戒之福命無夭傷見世昌盛子孫繁茂有家有國逮至

이른바
계(戒)를 지키는 지계(持戒)에 의(依)하여 얻어지는 복명(福命)이란
요절(夭折)을 하거나
살상(殺傷)을 당하거나 하는 악(惡)한 일이 없고
세상(世上)이 창대(昌大)하고 융성(隆盛)하여서
자손(子孫)들이 초목(草木)이 우거지듯 번창(繁昌)하게 되므로
가정(家庭)도 있게 되고 국가(國家)도 있게 되고
더 나아가

十方莫不鬱然而盛者也

십방막불울연이성자야
십방계(十方界)에 까지도 모두 미쳐서
천인(天人)이 함께 경사(慶事)로운 일이 아닐 수 없으므로

그러므로
계(戒)를 지키면 성(盛)할 것이다 한 것이다.

天人同其願
천인동기원

하늘이거나 사람이거나 발원(發願)하는 바는 똑 같다

天謂天上仙也人謂世中人也言持戒奉法始在人中受報

하늘이란 천상선(天上仙)을 말하는 것이고
사람이란 세상(世上)에 있는 인간(人間)을 말한다.
말하자면
계(戒)를 지키고 도법(道法)을 받들어 나가면
이런 사람들은
진보(進步)된 업(業)의 복보(福報)를 받아 하늘에 태어나게 되고

生天進業人中受報生天進業乃至上清是故天人同其願也

하늘에 태어난 이런 사람들은 진보(進步)된 업(業)을 받아

飄眇入大乘
표묘입대승

표묘(飄眇)히 떨쳐 대승(大乘)에 들어가라

다시 더 높은 하늘인
상청천(上清天)에 태어나기를 발원(發願)하므로
하늘이거나
사람이거나
그 원(願)은 똑 같다고 말한 것이다.

大乘謂上清法也緣麄必至妙階漸自之深旣離世昇天從
대승위상청법야연추필지묘계점자지심기리세승천종

대승(大乘)이란 상청법(上清法)을 말한다.
인연(因緣)이란 엉성하고 조잡(粗雜)한 것이어서
반드시
잡석(雜石) 속에 있는 옥(玉)을 다루듯이
벗겨내고 깎아내고 아름답게 다듬어 계단(階段)을 만들면서
점점(漸漸) 깊숙이 사무쳐 들어가야 하는 것이다.
그렇게 인연(因緣)을 다듬어야만
세상(世上)을 떠날 때에 승천(昇天)하여

天之上故云飄眇飄眇猶勢飄然也飛騰之貌矣
천지상고운표묘표묘유세표연야비등지모의

아무 거리낌도 없이
하늘 위로 올라 갈 수가 있는 것이다.
그렇기 때문에 표묘(飄眇)라고 말한 것이다.
표묘(飄眇)란
자세(姿勢)가 훌가분하여 아무런 구애(拘礙)가 없어
하늘로 날아오를 때
훌가분하게 비등(飛騰)하는 모양(模樣)을 표현(表現)한 것이다.

因心立福田
인심입복전

마음은 쓰는 데에 따라 복전(福田)이 된다.

福者善之果也爲福之因不由於他己心卽福田也若修身
복자선지과야위복지인불유어타기심즉복전야약수신

복(福)이란 선행(善行)을 한 결과(結果)이며 열매이다.
복(福)이라고 하는 인자(因子)는
복(福)이 다른데서 비롯되어 오는 것이 아니고
바로 자기의 마음이

곧 복(福)의 씨를 뿌리는 복전(福田)이 되는 것이다.

奉法衆惡自除猶如治田去其草穢草穢旣盡自獲良穀者也
봉법중악자제유여치전거기초예초예기진자획량곡자야

그러므로 만약(萬若)
자기 일신(一身)을 잘 다스리고
도법(道法)을 받들고
어떠한 악(惡)이라도 뿌리까지 뽑아 버리면
마치
밭에 김을 잘 매어 잡초(雜草)를 모두 뽑아버린 것과 똑 같다.
잡초(雜草)를 모두 뽑아 없앴다면 좋은 곡식(穀食)은 저절로 얻을 것이 아닌가?

靡靡法輪升
미미법륜승

잰 걸음으로 변함없이 법륜(法輪)을 굴리라.

靡靡猶漸漸也福旣積則法輪漸升之也
미미유점점야복기적칙법륜점승지야

미미(靡靡)란
점점(漸漸) 서서(徐徐)히 다가가는 것이다.

八八

七祖生天堂
칠조생천당

칠조(七祖)는 천당(天堂)으로 왕생(往生)하게 된다.

복(福)을 닦아 청홍복(靑紅福)이 쌓였다면 법륜(法輪)을 타고 서서(徐徐)히 오르게 될 것이다.

身獲道眞七祖蒙慶
신획도진칠조몽경

자기(自己) 자신(自身) 한 몸이 도(道)를 획득(獲得)하고 진인(眞人)의 반열(班列)에 들면 위로는 칠대(七代) 조상(祖上)과 아래로는 아홉 대에 이르는 자손(子孫)에 이르기까지 다 함께 경축(慶祝)의 은혜(恩惠)를 입게 될 것이다.

我身白日騰
아신백일등

나 자신(自身)은 밝은 대낮에 하늘을 타고 오를 것이다.

持戒志道功成德就之所至也

계(戒)를 지키는 지계(持戒)가 굳건하고
도(道)에 뜻을 둔 지도(志道)가 한결같아서
공덕(功德)을 성취(成就)하면 일어나는 광경(光景)을 이른 것이다.

大道洞玄虛
대도동현허

대도(大道)는
대천계(大千界)를 담고도 남는 동현허(洞玄虛)이다.

一切諸法皆稱爲道乃有百官及萬八千種並是六天及三

일체제법(一切諸法)인
우주(宇宙) 대천계(大千界)를 모두 다 통틀어 도(道)라고 부른다.
도(道)에는
백관(百官)이 만팔천(萬八千) 가지의 종류(種類)에 이르고
욕계육천(欲界六天)과 함께 삼계(三界)가 모두 도(道)이다.

界之道大道者无形无象洞玄虛道無不在理無不應故曰

대도(大道)란
틀에 박힌 형상(形狀)도 없고
기상(氣象)도 정체(正體)를 알 수 없는 것이어서
텅빈 공동(空洞)인데다가
현해(玄海) 물질(物質)이
아무것도 없는 허공(虛空)을 가득 메우고 있는 듯하지만
도(道)라는 그 이치(理致)가 없는 곳이 없고
변화무쌍(變化無雙)한 반응(反應)이 일어나지 않는 곳이 없기 때문에

大也
대야

큰 대자(大字)를 써서 크다고 말하는 것이다.

有念無不啟
유념무불계

일념(一念)으로 사무친다면 누구에게나 열리지 않음이 없다.

啓謂感也此明持戒念道有心卽感念念不止以至成道莫
계위감야차명지계념도유심즉감념념불지이지성도막

계(啓)란 감동(感動)이다.
이 말은
계(戒)를 지키는 지계(持戒)와
도(道)에 사무치는 념도(念道)에 밝으면
이러고 애쓰는 마음이 들끓게 되는데
이러한 유심(有心)이 바로 감동(感動)인 것이다.
이 감동(感動)이 염념(念念)마다 묻어나 그침이 없다면
곧바로 성도(成道)하기에까지 이르를 것인데

非念力
비념력

이것이 념력(念力)이 아니면 무엇인가?

練質入仙眞
련질입선진

실질(實質)을 단련(鍛鍊)하면 선진(仙眞)에 들 수 있다.

欲多則神濁氣淸則質練練質成眞莫不由戒
욕다칙신탁기청칙질련련질성진막불유계

욕정(欲情)이 많으면 정신(精神)이 혼탁(混濁)해지고 탁기(濁氣)를 맑히려면 본질(本質)을 단련(鍛鍊)하여야 한다. 본질(本質)을 단련(鍛鍊)하면 선진(仙眞)을 이룰 수 있는데 이는 계(戒)를 연유(緣由)로 하지 않고는 불가능(不可能)한 일이다.

遂成金剛體
수성금강체

드디어 금강체(金剛體)를 이루다.

言其表裏堅眞无復朽敗者也
언기표리견진무복후패자야

이 말은 겉과 속이 모두 견고(堅固)하고 단단하여 진인(眞人)을 이루어서 다시 썩거나 부패(腐敗)하는 일이 없는 경지(境地)에 이른 것이다.

超度三界難
초 도 삼 계 난

삼계(三界)의 재난(災難)에서 벗어나다.

欲界色界無色界此三界生死輪轉無休恆與三塗對治故
욕계색계무색계차삼계생사륜전무휴긍여삼도대치고

욕계(欲界)와 색계(色界)와 무색계(無色界)를 삼계(三界)라 한다.
이 삼계(三界)는
생(生)과 사(死)의 윤회(輪廻)가
돌고 돌기를 끊임없이 되풀이 하고
항상
삼악도(三惡塗)와 대치(對治)하므로

云難也自非成眞莫能超者也
운난야자비성진막능초자야

그러므로 재난(災難)이라고 하는 것이다.
이곳은
오직 자기(自己) 스스로 진인(眞人)을 이루지 못하면
도저히 벗어날 수 없는 것이다.

地獄五苦解
지옥오고해
지옥(地獄)의 오고(五苦)가 풀리다.

五苦是地獄中寒池火車鑊湯刀山劍樹也解脫旣超三界
오고시지옥중한지화거확탕도산검수야해탈기초삼계

오고(五苦)란 지옥(地獄)인
차디찬 물구덩이인 한지지옥(寒池地獄)과
활활 불타는 불 수레 화거지옥(火車地獄)과
팔팔 끓는 가마 솥 확탕지옥(鑊湯地獄)과
칼날 서슬 퍼런 도산지옥(刀山地獄)과
창끝 날카로운 검수지옥(劍樹地獄)을 말한다.

無復苦緣也亦謂五道爲五苦者也
무복고연야역위오도위오고자야

해탈(解脫)이란 삼계(三界)를 벗어나서
고통(苦痛)의 인연(因緣)이 다시는 되풀이 되지 않음을 말한다.
오도(五道)는 오고(五苦)가 일어나는 곳이다.

悉歸太上經
실귀태상경

온 정성(精誠)을 다해 태상경(太上經)에 귀의(歸依)하다.

上淸法也衆法所窮故曰太上經也
상청법야중법소궁고왈태상경야

태상경(太上經)이란 상청법(上淸法)이다. 이런 저런 여러 가지 법(法)은 모두 부질없음으로 더 이상 위가 없다하여 태상경(太上經)이라 하는 것이다.

靜念稽首禮
정념계수례

정념(靜念)으로 사무쳐 계수례(稽首禮)를 올리다.

誦說旣竟法緣略顯今將說戒故令靜念稽首而受也
송설기경법연략현금장설계고령정념계수이수야

태상노군(太上老君)께서 하신 법문(法門)을 듣고 외우기가 끝나 법연(法緣)이 대략(大略) 드러났으므로 이제 계(戒)를 설(說)하여 주시면 받겠다하며 정념(靜念)으로 머리를 조아리며 례(禮)를 올리는 것이다.

於是尹喜聞說頌己稽首而立請受戒言
어시윤희문설송기계수이립청수계언

이와 같이 윤희(尹喜)는
태상노군(太上老君)의 설법(說法)을 듣고 외우기를 마치고
머리를 조아리며
계(戒)에 대(對)한 말씀을 해 주실 것을 간청(懇請)하였다.

老君曰第一戒殺第二戒盜第三戒婬第四戒妄語第五戒酒
로군왈제일계살제이계도제삼계음제사계망어제오계주

태상노군(太上老君)께서 말씀하시었다
제일(第一) 첫 번째 계(戒)는 살생(殺生)을 금(禁)하고
제이(第二) 두 번째 계(戒)는 투도(偸盜)를 금(禁)하고
제삼(第三) 세 번째 계(戒)는 사음(邪婬)을 금(禁)하고
제사(第四) 네 번째 계(戒)는 망어(妄語)를 금(禁)하고
제오(第五) 다섯 번째 계(戒)는 음주(飮酒)를 금(禁)하라.

是爲五戒若淸信男淸信女

이것이 오계(五戒)인데 오계(五戒)를 지키면 청신남(淸信男)이라고 하고 청신녀(淸信女)라 할 것이다.

若有男女發心受戒便得淸信之號

만약(萬若)에 어떤 남녀(男女)가 계(戒)를 받고 발심(發心)하면 남자(男子)는 청신남(淸信男)이라하고 여자(女子)는 청신녀(淸信女)라는 칭호(稱號)를 듣게 될 것이다.

奉持五戒畢命不犯

정성(精誠)을 다해 오계(五戒)를 받들고 지키고 목숨이 다할 때까지 범(犯)하지를 말라.

謂持戒至於命終而不能犯也

是爲淸信男淸信女
시위청신남청신녀

이러한 사람을 바로
청신남(淸信男)이라 하며 청신녀(淸信女)라 할 것이다.

이는
목숨을 마칠 때까지 계를 지키고
평생(平生) 동안 범(犯)해서는 안 된다 한 말씀이다.

向發心卽號淸信若中塗虧缺則淸信心廢唯盡命不犯來
향발심즉호청신약중도휴결칙청신심폐유진명불범래

발심(發心)을 하면
곧바로
청신(淸信)이라고 부르는데
만약(萬若)에
중도(中塗)에 무너트려 버리면
부서질 때 청신심(淸信心)도 함께 폐기(廢棄)되는 것이니
오직
명(命)을 마칠 때까지 범(犯)하지 말라 한 것이다.

生又受福果則全淸信之理故重云爾
생 우 수 복 과 칙 전 청 신 지 리 고 중 운 이

계(戒)를 지키는 지계(持戒)는

또한

다음 세상(世上)인 내생(來生)에

따 먹게 되는 복(福)의 열매도 되는 것이니

온전히 청신(淸信)하라 진리(眞理)의 말씀을 거듭 당부하신 것이다.

老君曰戒殺者一切衆生含氣以上飜飛蠕動之類皆不得殺
로 군 왈 계 살 자 일 절 중 생 함 기 이 상 번 비 연 동 지 류 개 불 득 살

노군(老君)께서 말씀하셨다

살생(殺生)을 금(禁)하라 한 계살(戒殺)이란

일체중생(一切衆生)은 어느 것이나

살아서 움직이는 기운(氣運)이 있는 것은

공중(空中)을 빙빙 돌며 날아다니는 것이거나

땅을 꿈틀거리며 기어다니는 것이거나

어느 것이라도 죽여서는 안 된다.

蠕動之類無不樂生自蚊蟻蜒蚰咸知避死也

연동지류무불락생자문의연유함지피사야

꿈틀거리며 움직이는 종류(種類)의 모든 것들은 어느 것 하나라도 생(生)을 즐기지 않는 것이 하나도 없는 것이다.
모기나 개미나 괄태충(括胎蟲) 같은 것이나
구불구불 기어 다니는 모든 것들도
죽는다는 것을 알고 죽음을 피(避)할 줄 아는 것을 보아라.

老君曰戒盜者一錢以上有主無主非已之物皆不妄取

로군왈계도자일전이상유주무주비이지물개불망취

노군(老君)께서 말씀하셨다.
남의 것을 몰래 훔치거나 강제(强制)로 빼앗는 투도(偸盜)를 금(禁)하라 한 계도(戒盜)란
단돈 한 푼(一錢)이라도 모두 주인(主人)이 있고
주인(主人)이 없는 물건(物件)일지라도 함부로 가져서는 안 된다.

在地地官在水水官在人人主如是則無無主之物此言無

재지지관재수수관재인인주여시칙무무주지물차언무

물건(物件)이 땅에 있으면 지관(地官)이 주인(主人)이고

主者謂當時無誌護也
주자위당시무지호야

주인(主人)이 없다고 하는 이 말은
바로 그 당시(當時) 물건(物件)에
표시(標示)가 없거나 지키는 사람이 없는 것을 가리키는 것이다.

老君曰戒婬者非夫婦若出家人不妻不娶若男若女皆不得
로군왈계음자비부부약출가인불처불취약남약여개불득

노군(老君)께서 말씀하셨다.
사음(邪婬)을 금(禁)하라 한 계음(戒婬)이란
부부(夫婦)가 아닌데 관계(關係)를 갖는 정사(情事)를 말한다.
수도(修道)하기 위(爲)해 출가(出家)한 사람은
시집을 가서 다른 남자(男子)의 처(妻)가 되어서도 안 되고
장가(丈家)를 들어 다른 여자(女子)의 남편(男便)이 되어서도 안 된다.

犯 범

남자(男子)거나 여자(女子)거나를 막론(莫論)하고 모두 음계(婬戒)를 범(犯)해서는 안 된다

夫妻雖非犯戒過亦爲婬犯
부처수비범계과역위음범

부부(夫婦) 사이에서 일어나는 정사(情事)는 음계(婬戒)를 범(犯)하는 것은 아니지만 도(度)가 지나치면 역시(亦是) 음계(婬戒)를 무너트리는 것이다.

老君曰戒妄語者若不聞不見非心所了而向人說皆爲妄語
로군왈계망어자약불문불견비심소료이향인설개위망어

노군(老君)께서 말씀하셨다. 말을 함부로 하거나 망령(妄靈)된 말을 하지 말라는 계망어(戒妄語)란 만약(萬若)에

자기(自己)가 자기(自己) 귀로 듣지도 않은 말이나
자기(自己)가 자기(自己) 눈으로 보지 않은 것이나
자기(自己) 마음으로도 도저(到底)히 이해(理解)가 안 되는 것을
남에게 말하면
이는 모두 망령(妄靈)된 말로 망어계(妄語戒)를 범(犯)하는 것이다.

所說事與心相違也復有綺言諂曲反覆兩舌在後戒也
소설사여심상위야복유기언첨곡반복량설재후계야

어느 사실(事實)을 말할 때에
진심(眞心)과 어긋나는 엉뚱한 말로
둘러대는 것도 계(戒)를 범(犯)한 것이다.
또한
진실(眞實)을 감추고 교묘(巧妙)하게 거짓으로 꾸며대는 말로
아첨(阿諂)하거나 왜곡(歪曲)하여 무고(誣告)하거나
이랬다저랬다 하며 변덕(變德)을 떨거나
헛바닥 하나를 가지고
두 개의 혀를 가지고 있는 것처럼 앞뒤가 서로 다른 말을 하거나
이러한 것은
모두 망어계(妄語戒)를 범(犯)한 것이다.

老君曰戒酒者非身病非法禮皆不得飮

노군(老君)께서 말씀하셨다.
술을 마시지 말라 한 계주(戒酒)란
몸에 병(病)이 들어 신병(身病)이 있는 것도 아니고
례(禮)를 올리기 위(爲)하여 법례(法禮)에 쓰는 것도 아닌 것은
모두가 음주계(飮酒戒)를 범(犯)하는 것이다.

身病謂己身疾必應以酒也法禮者明非世俗饌會及鬼神

몸에 신병(身病)이 있다하는 것은
이미 몸에 병(病)이 들어
술이 아니면 고칠 수 없는 경우(境遇)를 말하고
법례(法禮)에 쓰는 술이란
정식(正式)으로 행사(行事)에 사용(使用)하는 술이기 때문에
술을 사용(使用)하는 곳이 확실(確實)하고 분명(分明)한 것이다.
그런데
세속(世俗)의 연회(宴會) 모임이나

제사(祭祀)에 쓴 고기나 술이라고 해서 먹어서는 안 된다.

그러나

존비례(尊卑禮)나 진령향(眞靈饗)에 사용(使用)하는 것은

음주계(飮酒戒)를 실각(失脚)하는 것이 아니다.

老君曰是五戒者持身之本持法之根

노군(老君)께서 말씀하셨다.

이 오계(五戒)는

일신(一身)을 지키는 근본(根本)이 되고

삼청법(三淸法)을 지키는 뿌리가 되니라.

身本無惡緣惡持戒心淨身淸可以奉法故曰法根者也

일신(一身)이 근본(根本) 바탕에서부터

얽힌 악연(惡緣)도 없고 지은 악얼(惡孼)도 없이

계(戒)를 지키면

善男子善女人
선남자선녀인
선남자(善男子) 선녀인(善女人)이

마음도 깨끗해지고 몸도 정갈해져서

가(可)히

엄중(嚴重)한 삼청법(三淸法)도 받들어 나갈 수 있으므로

오계(五戒)라고 하는 것이 법(法)의 뿌리라고 말한 것이다.

前章云淸信者明受戒改惡乃得此號此言善者謂生而善
전 장 운 청 신 자 명 수 계 개 악 내 득 차 호 차 언 선 자 위 생 이 선

이미 전장(前章)에서 말한 바와 같이

청신(淸信)이란

분명(分明)하게 계(戒)를 수지(受持)하고

단박에 악(惡)을 뜯어고치고

새 사람이 되어 이런 호칭(呼稱)을 얻은 것이다.

그러므로

선남자(善男子)나 선녀인(善女人) 앞에 붙은 선(善)이라는 말은

세상에 새로 태어난 것과 같은 것으로

태어나면서부터 선(善)한 것이라 한 것이다.

一〇七

也是稟業所得非持戒而起

야시품업소득비지계이기

그러므로
이는
계(戒)를 받기 전(前)에 이미 착한 마음이 일어난 업(業) 때문에
청신(淸信)이라는 칭호(稱號)를 얻은 것이지
계(戒)를 지켜 나감으로 하여
선남자(善男子) 선녀인(善女人)이라는
아름다운 인연(因緣)이 일어난 것이 아니라는 것이다.

願樂善法
원 락 선 법

원(願)하옵건대
최상(最上)의 선법(善法)을
즐겁게 행(行)할 수 있도록 하여 주소서!

一切法也緣有宿善故能願樂

일 절 법 야 연 유 숙 선 고 능 원 락

이 말은

一〇八

受持終身不犯不毀
수지종신불범불훼

수지(受持)하온 계(戒)를
종신(終身)토록 범(犯)하거나 무너트리지 말게 하소서!

일체(一切)의 세상선법(世上善法)과 숙세(宿世)의 좋은 인연(因緣)이 맞닿았으므로 능(能)히 이 좋은 법(法)을 즐길 수 있게 해 주소서 하는 발원(發願)이다.

犯爲虧缺不全首尾毀爲毀慢生不信心
범위휴결불전수미훼위훼만생불신심

계(戒)를 어긴다는 범(犯)이라는 말은 찌그러들고 부족(不足)하여 머리나 꼬리가 완전(完全)하지 않은 것이고 계(戒)를 무너트린다는 훼(毀)라는 말은 태만(怠慢)함이 생겨서 신심(信心)이 일어나지 않는 것이다.

是爲淸信得經得法永成道眞

이와 같이 청신(淸信)한 몸으로
도덕경(道德經)도 얻고 계법(戒法)도 함께 얻게 하여서
영원(永遠)히
도(道)를 성취(成就)하고 진인(眞人)도 이루도록 하여주소서!

夫得經者不必能修行能修行者乃爲得法耳得法則得道

무릇
도덕경(道德經)이 있다고 해서
꼭
수행(修行)을 하는 것도 아니고
수행(修行)하려는 자(者)는
이 계법(戒法)을 얻어야만 할 것이다.
그런데
계법(戒法)도 얻고
도덕경(道德經)도 얻었으므로

故云永成永謂遠者也
_{고 운 영 성 영 위 원 자 야}

영원(永遠)히 성취(成就)하겠다고 한 것이다.
영(永)이란 영원(永遠)을 이른 말이다.

於是尹喜聞受旣已
_{어 시 윤 희 문 수 기 이}

이와 같이 윤희(尹喜)는
노군(老君)께서 설(說)하시는 계법(戒法)을 듣고 수지(受持)하였다.

已謂已畢也聞說戒言而親受之非如五千是老子自出
_{이 위 이 필 야 문 설 계 언 이 친 수 지 비 여 오 천 시 로 자 자 출}

이미(已)라는 말은
계법(戒法)을 말씀하시는
노군(老君)의 설법(說法) 듣기를 이미 이렇게 마쳤다는 뜻이다.
직접(直接) 받았다는 친수(親受)는
오천(五千)의 노자도덕경(老子道德經)을 말하는 것이 아니고
계경(戒經)인 계법(戒法)을
노군(老君)으로부터 따로 별책(別冊)으로 전수(傳受)받았다는 의미이다.

再拜而問何故有五
재배이문하고유오

노군(老君)께 다시 재배(再拜)를 올리며
윤희(尹喜)가 노군(老君)께 여쭈었다.
어찌하여 하필(何必)이면 오(五)라는 수(數)가 있게 된 것입니까?

言人之爲惡其事萬萬方皆應防戒今何故止說有五也
언인지위악기사만만방개응방계금하고지설유오야

윤희(尹喜)의 이 물음은
인간(人間)들이 악행(惡行)을 저지르는 일들이
수없이 많은 만만(萬萬) 가지가 되므로
이 수많은 악업(惡業)을 계법(戒法)을 써서 모두 방제(防除)해야 할 것인데
어찌하여
다섯 가지 조목(條目)만을 들어
악업(惡業)을 저지(沮止)하라 하시냐는 뜻이다.

老君曰五者攝一切惡
로군왈오자섭일절악

노군(老君)께서 말씀하셨다.

다섯 가지 오계(五戒)란
모든 일체악(一切惡)을 모두 거두어들이기 때문이다.

言一切衆惡皆起此五若持此五戒則衆惡悉絶也
언일절중악개기차오약지차오계칙중악실절야

노군(老君)께서 하신 이 말씀은
일체(一切)의 모든 악행(惡行)은
살도음망주(殺盜淫妄酒) 다섯 가지에 의(依)해 일어나는 것이기 때문에
이 다섯 가지 오계(五戒)만 잘 지키면
어떠한 악행(惡行)이라도 모두 다 단절(斷絶)시킬 수 있다 한 말씀이다.

猶天有五精以攝萬靈
유천유오정이섭만령

이는 마치
하늘의 오정(五精)이 온갖 만령(萬靈)을 모두 통섭(通攝)하는 것과 같다.

五精星也靈謂神靈
오정성야령위신령

오정(五精)이란 오정성(五精星)이다.

地有五行以攝羣生
지유오행이섭군생

땅에는 오행(五行)이 있어서
모든 생명(生命)이 생길 때
오행(五行)이 조화(調和)를 이루어 태어나게 해 준다.

金木水火土也羣生所稟莫不資之
금목수화토야군생소품막불자지

오행(五行)이란 금목수화토(金木水火土) 다섯 가지이다
모든 생명(生命)들이 태어날 때 품수(稟受)를 받아야 하는 것으로
이 다섯 가지가
자량(資糧)이 되지 않으면 생명(生命)은 태어날 수가 없다

人有五藏以攝神明
인유오장이섭신명

사람에게는 오장(五藏)이 있어서

령(靈)이란
신령(神靈)의 근본(根本)인 령(靈)의 소자(素子)를 말한다.

신명(神明)이 오장(五藏)에 깃들게 되는 것이다.

人所以有神明之識者由於五藏也六情五欲各有所生故

사람에게 신명(神明)이 있으므로 식(識)이 있게 되는데
이 식(識)은
오장(五藏)을 연유(緣由)로 생긴 것이고
육정(六情)과 오욕(五欲)도 모두 각기 그렇게 해서 생긴 것이다.

以五戒對而治之明此五戒自天至人三才之本非始有也

그리하여 오계(五戒)로
사물(事物)과 대치(對治)하여
다스리라고 명확(明確)하게 말씀하신 것이다.
이 오계(五戒)는
하늘에서 사람에 이르기까지 삼재(三才)의 근본(根本)이 되는 것으로
태초(太初)의 모든 시작(始作)이
이곳에서 시작(始作)되지 않은 것이 아무것도 없는 것이다.

戒者防也防其失也

계자방야방기실야

계(戒)란 방지(防止)하는 것이다.
예방(豫防)이란 잃어버리지 않도록 미리 방비(防備)하는 것이다.

未失則防而不爲旣失則戒而不犯皆是防其義者也

미실칙방이불위기실칙계이불범개시방기의자야

과실(過失)이 있기 전(前)에
미리 방지(防止)하지 아니하면 잃게 되는 것이다.
그러므로 계(戒)란
범(犯)하지 아니하면
무엇이든 다 막아낼 수 있다는 그런 뜻이 있는 것이다.

失而不防則三塗盈逸天人虛空

실이불방칙삼도영일천인허공

과실(過失)을 미리 방지(防止)하지 아니하면
삼악도(三惡塗)가 차고 흘러넘쳐서
천인(天人)들의
발길은 끊어지고 허공(虛空)은 텅 비게 될 것이다.

不防其失則縱惡日多惡緣報對則充滿三塗三塗旣盛則

예방(豫防)하지 않아 과실(過失)이 있게 되면
아무 잘못이나 막 저질러
날로 더 나쁜 일만 많아지게 되므로
악연(惡緣)으로 맺힌
인과응보(因果應報)만 삼도(三途)에 가득 찰 것이다.

鬼道橫逸夫一切衆生皆有定數三塗旣滿則天堂虛空生

삼도(三途)가 악연(惡緣)으로 성황(盛況)을 이루게 되면
귀도(鬼道)가 더욱 난폭(亂暴)하게 날뛸 것이다.
대저(大抵)
일체중생(一切衆生)은
그 수(數)가 정(定)해진 정수(定數)가 있는데
삼도(三途)가 가득 차게 되면
천당(天堂)은 텅텅 비고

人咸少也
인 함 소 야

천인(天人)이나 사람으로 태어나는 수(數)가 줄어들게 될 것이다.

是故五也
시 고 오 야

그리하여 오(五)라고 일컫게 된 것이니라.

明五戒根本所由如此也
명 오 계 근 본 소 유 여 차 야

오계(五戒)가 근본(根本)이 되는 것은 이러한 까닭이 있다는 것을 명확(明確)하게 강조(強調)한 말이다.

尹喜曰大乎戒也何故失耶
윤 희 왈 대 호 계 야 하 고 실 야

윤희(尹喜)가 말씀을 올렸다 참으로 계법(戒法)이 대단하나이다. 그런데 이러한 계법(戒法)을 어떠한 연고(緣故)로 잃나이까?

旣聞斯旨方歎其大言有此戒其來久矣云何衆生猶有此
기문사지방탄기대언유차계기래구의운하중생유유차

旣聞斯旨方歎其大言有此戒其來久矣云何衆生猶有此
노군(老君)으로부터
오계(五戒)에 관(關)한 비지(秘旨)를 이와 같이 들은 윤희(尹喜)는
오로지 감탄(感歎)하면서
이렇게 대단한 계법(戒法)의 유래(由來)가 오래 되었는데
어찌하여 중생(衆生)들이

失 실

아직까지도 이런 잘못을 왜 저지르는가를 여쭌 것이다.

老君曰本得無失旣失而得亦無所失
로군왈본득무실기실이득역무소실

老君曰本得無失旣失而得亦無所失
노군(老君)께서 말씀하셨다
본래(本來) 얻어서 있는 것이기에 잃은 것이 아니고
이미
지나간 때에 잃어서 다시 얻게 된 것이니
이 또한

一一九

얻었으므로 잃은 것이 아니로다.

本得無失謂前身過去已得此戒故於今身而無失也而今

본득무실(本得無失)이란
원래 얻어서 잃은 것이 없다는 것으로
지나간 과거(過去) 전생(前生)에서
이미
이 계법(戒法)을 얻었기 때문에
지금의 이 육신(肉身)에서는 잃은 것이 없다는 것이다.

身有失者前身無戒或有違犯故有失耳雖爲有失而於今

기실이득(旣失而得)이란
현재(現在)의 이 육신(肉身)에서 잃었다는 것으로
이는 바로 지나간 전생(前生)에
계법(戒法)을 갖지 못했거나
계법(戒法)을 위반(違反)했기 때문에 상실(喪失)했다 한 것이다.
그러나
비록 상실(喪失)했다 하지만

身得受持者則見生無失後身復善故旣失而得亦無所失
신 득 수 지 자 즉 견 생 무 실 후 신 복 선 고 기 실 이 득 역 무 소 실

현재(現在)의 이 육신(肉身)이
계법(戒法)을 얻고 수지(受持)해 나간다면
보건데
일생(一生)을 통하여 망실(亡失)함이 없을 것이므로
다음 세상(世上) 후신(後身)은 다시 선(善)하게 될 것이기에
이는
이미 잃었으나 얻은 것이고 또한 잃은 바가 없다 한 것이다.

前頌云世世受大福卽此義也尹喜所問一失而倂擧三失
전 송 운 세 세 수 대 복 즉 차 의 야 윤 희 소 문 일 실 이 병 거 삼 실

전송(前頌)에서 말한바
태어나는 세세(世世)마다
큰 대복(大福)을 받을 것이다 한 것이
바로 이러한 뜻이다.

노군(老君)에게
윤희(尹喜)가 한 번의 일실(一失)에 대(對)하여 물었는데

答之是對其後問頓顯前身此生後身也明人稟道本自無

답지시대기후문돈현전신차생후신야명인품도본자무

노군(老君)께서 삼실(三失)을 함께 예거(例擧)로 들어 그 물음에 대답했다. 삼실(三失)이란 갑자기 돈연(頓然)한 듯 나타내는 전신(前身)과 차생(此生)과 후신(後身)을 말하는 것이다. 사람이 도(道)를 품수(稟受)받아 자연(自然)에서 온 것임을 분명(分明)히 알면

失義見經中也

실의견경중야

누구라도 결단(決斷)코 망실(亡失)하려 하지 않을 것이다. 경(經)을 보면 경(經) 가운데 그 뜻이 있다.

尹喜曰敢問其本

윤희왈감문기본

윤희(尹喜)가 노군(老君)께 여쭈었다.

감(敢)히 묻겠습니다.
본래(本來)란 본(本)은 무엇을 말하는지요?

得失既顯事理須明故却問其本以求其末也
득실기현사리수명고각문기본이구기말야
득실(得失)이 이미 사리(事理)에 나타나 비록 밝다 하여도
그 본(本)에 대(對)하여 묻지 않는다면
이는
말(末)에 매달리는 격(格)이라 그래서 그 본(本)을 여쭌 것이다.

老君曰今當爲爾具說其本
로군왈금당위이구설기본
노군(老君)께서 말씀하셨다.
이제 당연히 그대에게 그 본(本)에 대(對)하여 설명(說明)하겠다.

順其所問而言其所以故云具
순기소문이언기소이고운구
이 부분(部分)은
노군(老君)께서

一二三

윤희(尹喜)가 묻는 바에 따라
그대로 말해주기로 하고 운운(云云)하고 갖추어 말한 것이다.

諦聽諦聽受持普爲一切之所知也
체청체청수지보위일절지소지야

상세(詳細)히 듣고 상세(詳細)히 들어라.
그리고
계법(戒法)을 잘 수지(受持)하고
일체(一切)를 아는 바대로 널리 보도(普度)하도록 하라.

諦聽戒其闕失諦受使無漏妄然後可令一切咸得知聞
체청계기궐실체수사무루망연후가령일절함득지문

체청(諦聽)이란
계법(戒法)을 잘못이나 과실(過失)이 없이 완벽(完璧)하게 받아 지니고
흘리고 빠트리거나 도리(道理)에 어긋나는 일도 없이 한다면
일체중생(一切衆生)들이 모두 다 듣고 알게 될 것이다 한 말이다.

一二四

尹喜再拜恭立而聽

윤희(尹喜)는
노군(老君)께 재배(再拜)를 올리고 나서
공손(恭遜)히 서서 들었다.

恭立者即今長跪也

공손(恭遜)히 선다는 공립(恭立)은
오늘날의 정중하게 꿇어앉은 자세(姿勢)를 가리킨다.

老君曰五戒者天地並始萬物並有

노군(老君)께서 말씀하셨다.
오계(五戒)는 천지(天地)와 함께 시작(始作)되었고
만물(萬物)과 함께 존재(存在)한다.

舉其本也夫有天地則有萬物有萬物則有得失有得失則

一二五

그 본(本)을 들춰 본다면

무릇
천지(天地)가 있은 다음에 만물(萬物)이 있게 된 것이고
만물(萬物)이 있은 다음에 득실(得失)이 있게 된 것이고

有法戒之者也
유 법 계 지 자 야

득실(得失) 있은 다음에 율법(律法)인 법계(法戒)가 생겨난 것이다.

持之者吉失之者凶
지 지 자 길 실 지 자 흉

지키는 자(者)는 길(吉)하고
잃어버리는 자(者)는 흉(凶)할 것이다.

善果爲吉惡對爲凶吉凶之事悉備後章
선 과 위 길 악 대 위 흉 길 흉 지 사 실 비 후 장

선(善)의 열매는 길(吉)한 것이고
악(惡)이 몰고 오는 것은 흉(凶)이다.
길흉사(吉凶事)란

모두가 준비(準備)되어 나타난 후장(後章)이다.

過去成道莫不由之
과거성도막불유지

지나간 과거세(過去世)에 성도(成道)하신 분들은
모두
이를 연유(緣由)로 하여 이루지 않은 분들이 없다.

言凡得道者莫不綠於戒者也
언범득도자막불록어계자야

이 말씀은
무릇
도(道)를 얻으신 분들은
모두가
이 계법(戒法)을
인연(因緣)의 고리로 삼지 않는 분이 없었다 한 말씀이다.

故其神二十五也
_{고 기 신 이 십 오 야}

원래(原來) 신(神)에는 이십오위(二十五位)의 신(神)이 있다.

五五之數也內經有二十五神是人身之靈上應天眞而鎭
_{오 오 지 수 야 내 경 유 이 십 오 신 시 인 신 지 령 상 응 천 진 이 진}

在人身持戒身淸則其神常安
_{재 인 신 지 계 신 청 칙 기 신 상 안}

이십오위(二十五位)의 신(神)이란 오오수(五五數)를 말하는 것으로 내경(內經)에 나오는 이십오신(二十五神)이 바로 이것이다. 이것이 사람의 인신(人身)을 조섭(調攝)하는 령(靈)인데 위로는 하늘의 천진(天眞)과 교응(交應)하며

인신(人身)에 있어서는 인신(人身)을 진정(鎭靜)시켜 주고 계법(戒法)을 잘 지키면 몸이 맑아져서 정신(精神)이 항상(恒常) 평안(平安)하게 된다.

經文五千是其義也
경문오천시기의야

경문(經文) 오천(五千)마디에 모두 그러한 뜻이 담겨 있다.

謂失之事備在五千而後此戒者特應尹喜所請耳
위실지사비재오천이후차계자특응윤희소청이

이 말씀의 뜻은
상실(喪失)할까봐 방비(防備)하도록
오천(五千)의 도덕경(道德經)을 남겨준 것인데
후(後)에
이계법(戒法)이 성립(成立)되게 된 것은
윤희(尹喜)의
간청(懇請)에 의해 이루어진 것이라는 점을 표현(表現)한 말이다.

老君曰五戒者在天爲五緯
로군왈오계자재천위오위

노군(老君)께서 말씀하셨다.
오계(五戒)란 하늘에 있어서는 오위(五緯)이다.

一二九

東曰歲星西曰太白星南曰熒惑星北曰辰星中央曰鎭星也

동(東) 쪽에는 세성(歲星)이 있고
서(西) 쪽에는 태백성(太白星)이 있고
남(南) 쪽에는 형혹성(熒惑星)이 있고
북(北) 쪽에는 신성(辰星)이 있고
중앙(中央)에는 진성(鎭星)이 있다.

天道失戒則見災祥

천도(天道)가 계법(戒法)을 잃으면 흉(凶)한 징조(徵兆)가 일어나고 재앙(災殃)이 덮칠 것이다.

五星各位一方行度氣色並各有常若天運失和陰陽愆戾

하늘에 있는 오성(五星)은 역사(役事)할 때에 각각(各各)의 자리와 방향(方向)에 따라 기색(氣色)의 행도(行度)를 화려(華麗)하게 펼치며 각각(各各)의 상도(常道)에서 변(變)함 없이 돌고 도는 것인데

皆非其分度而見妖徵故經云天無以淸將恐裂裂謂王者
개비기분도이견요징고경운천무이청장공렬렬위왕자

만약(萬若)
오성(五星)이 천운(天運)을 벗어나게 되면
법계(法戒)를 잃고 음양(陰陽)이 어그러져 나쁜 기운을 품어내게 된다.

이는 오성(五星)이
벗어나서는 안 될 분도(分度)를 벗어났기 때문에 나타나는
요사(妖邪)스런 징조(徵兆)인 것이다.

그렇기 때문에 경(經)에서 이르기를
하늘이 맑지 못하면 갈라질까봐 두려웁도다 하였다.
갈라진다고 하는 것은

失德陰陽圮裂五緯返常也
실덕음양비열오위반상야

왕(王)은 덕(德)을 저버린 행동(行動)을 하게 되고
음양(陰陽)은 서로 연결(連結)하는 조화(調和)로운 다리가 끊어지고
오위(五緯)는 정상(正常)을 이반(離返)하게 되는 것이다.

在地爲五嶽

땅에 있어서는 오악(五嶽)이다.

東曰泰山南曰衡山西曰華山北曰恒山中央曰嵩高山也

동(東) 쪽에는 태산(泰山)이 있고
남(南) 쪽에는 형산(衡山)이 있고
서(西) 쪽에는 화산(華山)이 있고
북(北) 쪽에는 항산(恒山)이 있고
중앙(中央)에는 숭고산(嵩高山)이 있다.

地道失戒則百穀不成

지도(地道)가 계법(戒法)을 잃으면 온갖 백곡(百穀)들이 씨앗을 맺지 못한다.

五嶽各鎭其方風雲水雨之所由也若地道失戒則疾風涌

땅에 있는 오악(五嶽)은 역사(役事)할 때에
각각(各各)의 자리와 방향(方向)에서
바람과 구름과 물과 비를 소유(所由)에 따라 생기게 해 주는데
만약(萬若)
지도(地道)가 법계(法戒)를 잃게 되면

水曠旱之災百穀不實也 一切草木皆謂之穀經言地無以

질풍노도(疾風怒濤)와 홍수(洪水)가 흘러넘치고
넓은 지역(地域)은 한발(旱魃)이 계속(繼續)되고 하여
온갖 백곡(百穀)들은 열매를 맺지 못할 것이다
일체(一切) 초목(草木)이 모두 이러한 해(害)를 당하게 된다.

그렇기 때문에 경(經)에서 이르기를

甯將恐發謂山崩川竭萬物災傷皆由王者咎先見兆於天

땅이 평온(平穩)하지 못하면
살기(殺氣)가 폭발(爆發)할 것이 두렵다 하였는데
이 말은

一三三

산(山)은 허물어지고 냇물은 모두 말라버리고 만물(萬物)은 재앙(災殃)을 당하게 된다는 것으로 이는 모두가 왕(王)에게 있는 허물을 연유(緣由)로 하여 먼저 하늘에서 그러한 징조(徵兆)를 보여 준 것이고

次降災於地也

이어서 재차(再次) 땅에 재앙(災殃)이 내리게 되는 것이다.

在數爲五行

숫자(數字)로는 오행(五行)이다.

東方木九南方火三西方金七北方水五中央土十二雖中

수자(數字)로 말 하건대 동방목(東方木)은 구수(九數)이고 남방화(南方火)는 삼수(三數)이고 서방금(西方金)은 칠수(七數)이고

북방수(北方水)는 오수(五數)이고
중앙토(中央土)는 십이수(十二數)이다.

央而位在四季

비록 중앙(中央)이
방위(方位)에 있으나 계절(季節)은 사계절(四季節)이다.

五數失戒則水火相薄金木相傷

오수(五數)가 계법(戒法)을 잃으면
물(水)과 불(火)이 서로 박대(薄待)하고
금(金)과 목(木)이 서로 상해(傷害)를 가(加)하게 된다.

五數推移四時以成若其有失則災癘刀兵西昇經曰五行

오수(五數)를 미루어보면
사시(四時)가 오수(五數)로 이루어져 역사(役事)하는 것이지만
만약(萬若)에

사시(四時)가 수(數)를 잃고 놓치면
재해(災害)가 일어나고
역병(疫病)이 창궐(猖獗)하고
전쟁(戰爭)이 발생(發生)한다.

서승경(西昇經)에서 말하였다.

不相剋萬物盡可全也
불상극만물진가전야

오행(五行)이 서로 상극(相剋)하지 않는다면
천하(天下)의 모든 만물(萬物)은
그 아름다움을 아낌없이 소진(消盡)할 것이다.

在治爲五帝
재치위오제

치세(治世)에 있어서는 오제(五帝)가 된다.

東方太皞木南方炎帝火西方少皞金北方顓頊水中央黃
동방태호목남방염제화서방소호금북방전욱수중앙황

동방(東方)은 목(木)을 담당(擔當)한 태호(太皞)이시며

남방(南方)은 화(火)를 담당(擔當)한 염제(炎帝)이시고
서방(西方)은 금(金)을 담당(擔當)한 소호(少皞)이시고
북방(北方)은 수(水)를 담당(擔當)한 전욱(顓頊)이시며

帝土也
제토야

중앙(中央)은 토(土)를 담당(擔當)한 황제(黃帝)이시다.

五帝失戒則祚夭身亡
오제실계칙조요신망

오제(五帝)가 계법(戒法)을 잃으면
하늘이 내리는 복(福)을 받지 못하고 일찍 죽게 된다.

五帝爲帝王更治五行相生隨方受任若失戒暴虐則國祚
오제위제왕경치오행상생수방수임약실계폭학칙국조

오제(五帝)가 제왕(帝王)으로 역사(役事)할 때에
오행(五行)이
상생(相生)하는 방법(方法)에 따라 맡은바 책무(責務)를 다하여야 한다.
만약(萬若)에
계법(戒法)을 잃고 포악(暴惡)하게 학정(虐政)을 베풀면

不長身不獲壽也

나라가 하늘이 내리는 복(福)을 받지 못하고
국운(國運)이 길게 가지 못할 뿐만 아니라
제왕(帝王) 자신(自身)도 수명(壽命)을 누리지 못하게 될 것이다.

在人爲五藏

사람에게 있어서는 오장(五藏)이다.

肝屬木心屬火肺屬金腎屬水脾屬土也

간(肝)은 목(木)에 속(屬)하고
심장(心藏)은 화(火)에 속(屬)하고
폐(肺)는 금(金)에 속(屬)하고
신(腎)은 수(水)에 속(屬)하고
비(脾)는 토(土)에 속(屬)한다.

五藏失戒則性發狂
오장실계칙성발광

오장(五藏)이 계법(戒法)을 잃으면 성질(性質)이 발광(發狂)한다.

所行過惡則五藏失神五藏失神則令人性狂狂謂僻也尋
소행과악칙오장실신오장실신칙령인성광광위벽야심

하는 소행(所行)이 지나치게 포악(暴惡)하면
오장(五藏)이 정신(精神)을 잃게 되고
오장(五藏)이 올바른 정신(精神)을 잃게 되면
사람의 성질(性質)이 발광(發狂)을 떨게 되는데
발광(發狂)을 한다는 것은 성질(性質)이 괴팍(乖愎)해지는 것을 말한다.

五戒以防五惡爲惡各有所生但一惡便使性狂不待五也
오계이방오악위악각유소생단일악편사성광불대오야

그러므로
오계(五戒)로 잘 살펴 오악(五惡)을 방지(防止)하여야 한다
악(惡)이란 어디에서든지 각각(各各) 생겨나게 하는 곳이 있어서
일단(一旦) 한 번 악(惡)이 발동(發動)하면
그 광증(狂症)은
오(五)로서도 어떻게 상대(相待)할 방법(方法)이 없는 것이다.

今言五者總其數耳經云馳騁田獵令人心發狂心爲五藏
지금 말하는 오(五)란 총수(總數)를 말하는 것이다.
경(經)에서 말한
초빙(招聘)에 응(應)하거나 사냥에 나서는 것은
사람의 심장(心藏)을 발칵 뒤집어 놓기에 충분(充分)한 것이다.

之主故擧其一也故後章云失一則命不成又尋戒旨自天
지주고거기일야고후장운실일칙명불성우심계지자천
심장(心藏)은 오장(五藏)을 주(主)므로
그 예거(例擧)를 하나 들어 설명(說明)한 것이다.
후장(後章)에 이르겠으나
오(五) 가운데 하나라도 잃게 되면
생명(生命)을 온전하게 유지(維持)할 수 없게 될 뿐만 아니라
잃어버린 것을 어데서 찾아다가 메꿀 수도 없는 것이다.
계법(戒法)이 가리키는바 목적(目的)은

及人皆云失戒而致災祥者明爲患之起起自由人是以帝
급인개운실계이치재상자명위환지기기자유인시이제

하늘에서부터 사람에 이르기까지
어느 것이나 똑 같아서
계법(戒法)을 잃어버리면
재앙(災殃)이 닥치고
길흉(吉凶)의 징조(徵兆)가 분명(分明)한 것이어서
조금의 편차(偏差)도 없이 환란(患亂)을 당하게 되는 것이다.

환란(患亂)이 일어나는 것은
모두가
사람에 의해서 일어나는 것이기 때문에

王有慶兆民賴之如有不善則天下受殃故知三才等治得
왕유경조민뢰지여유불선칙천하수앙고지삼재등치득

제왕(帝王)에게 경축(慶祝)할 일이 생기면
만백성(萬百姓)이
이에 의지(依支)하여 함께 즐거워하는 것과 똑 같고
제왕(帝王)에게 좋지 않은 일이 일어나면
천하(天下)가 다 재앙(災殃)을 받게 되는 것이다.
그러므로 알아라!
천지인(天地人) 삼재(三才)가

득실(得失)의 법치(法治)를 받음이 틀림없다는 것을!

失必同又自天至人雖有五條爲失之本在人而已故次章

그리고
하늘에서부터 사람에 이르기까지
모두 다 똑 같이 동일(同一)하다는 것을!
비록
오개조항(五個條項)이 있으나
이를 범(犯)하고 어기는 것은 인간(人間)들에게서 일어나는 일인바
다음 장(章)에서 말하고자 하는 계법(戒法)은

云戒於此者而順於彼也

이 계법(戒法)을
어떻게 순종(順從)해야 하는지에 대(對)하여 설명(說明)하는 것이다.

老君曰是五者戒於此而順於彼

노군(老君)께서 말씀하셨다.
오(五)라고 하는 것은
이 계법(戒法)을 가지고
상대방(相對方)에게 순응(順應)하는 것이다.

謂上來五事悉在於人故云戒於此也順於彼者理也夫患

이 말씀은
위 장(章)에서 말한 다섯 가지에 관(關)한 오사(五事)는
모두가 사람들에게서 일어나는 일이기 때문에 그러므로 말하는 것이다.
계법(戒法)은
이쪽에서 지키고 순종(順從)은 저쪽에서 하는 것이 이치(理致)인 것이다.

之所生由於違理若順理而行復何戒乎明爲戒於過耳若

대저(大抵)
재환(災患)이란

一四三

過而不戒禍患之興豈可禳也
과이불계화환지흥기가양야

지극(至極)히 평범(平凡)한 상리(常理)를 어김으로 하여 생기는 것인데
만약(萬若)에
순리(順理)에 따라 행동(行動)하면 그만이지
왜 무엇 때문에 또 계법(戒法)이 필요(必要)하단 말인가?
그것은
계법(戒法)을
분명(分明)히 알고 있어도 그냥 지나칠 수 있기 때문이다.

만약(萬若)에
그대로 무심코 지나쳐 버린다면
계법(戒法)이 무슨 소용(所用)이 있겠으며
이미
재앙(災殃)이 일어나
천지(天地)가 불타고 홍수(洪水)로 산하(山河)가 모두 뒤집어지는데
굿이나 기도(祈禱)로 어떻게 액(厄)땜을 할 수 있단 말인가?

故殺戒者東方也受生之氣尙於長養而人犯殺則肝受其害

살생(殺生)을 하지 말라는 살계(殺戒)는 동방(東方)을 말한다.
동방(東方)은
생기(生氣)를 받아 장생(長生)을 도모(圖謀)해야 하는 곳인데
오히려
사람이 살기(殺氣)를 휘둘러 살생(殺生)을 범(犯)하면
간(肝)이 그 피해(被害)를 입게 된다.

氣數相感自內於外肝主長養故一切咸知慕生懷殺之性

기(氣)와 수(數)가 안에서 밖으로 서로 감흥(感興)을 일으켜
간(肝)이 장양(長養)을 역사(役事)하므로
모든 일체중생(一切衆生)들이
모두 살기만을 연모(戀慕)하고 죽음이 닥치면 피(避)할 줄을 아는데
가슴 속에 살육(殺戮)할 성질(性質)을 품고 있다면

則逆氣衝肝肝氣凶壯還自災身故云害也

盜戒者北方也太陰之精主於閉藏而人爲盜則腎受其殃

도계자북방야태음지정주어폐장이인위도칙신수기앙

도둑질을 하지 말라는 도계(盜戒)는 북방(北方)을 말한다.
북방(北方)은
태음(太陰)의 정(精)으로
닫고 거두어 들이고 간직하는 일을 주(主)로 역사(役事)하는데
사람이 도둑질하는 도계(盜戒)를 범(犯)하면
신(腎)이 재앙(災殃)을 받게 된다.

기수(氣數)가 역류(逆流)를 일으켜 간(肝)과 충돌(衝突)하게 된다.
그리하여
간(肝)의 기운(氣運)이 흉포(凶暴)해 지면
결국(結局)에는
재난(災難)이 일어나 몸은 해(害)를 입게 되는 것이다.

腎爲太陰陰主閉藏故一切咸知收斂而人爲盜則腎氣爲

신위태음음주폐장고일절함지수렴이인위도칙신기위

신(腎)이란 태음(太陰)이다
태음(太陰)은

단고 거두어들이고 간직하는 일을 주(主)로 역사(役事)하므로
모든 일체중생(一切衆生)들이
모두 손에 잡아 거두어들일 줄을 아는데
사람들이 도둑질을 하게 되면

傷故云殃也殃者積惡之應者也
상고운앙야앙자적악지응자야

신기(腎氣)가 상(傷)하게 되므로 재앙(災殃)이 있게 된다
앙(殃)이란
악행(惡行)이 쌓아지면서 일어나는 응보(應報)이다

婬戒者西方也少陰之質男女貞固而人好婬則肺受其殄
음계자서방야소음지질남녀정고이인호음칙폐수기려

음행(婬行)을 하지 말라는 음계(婬戒)는 서방(西方)이다.
서방(西方)은
소음물질(少陰物質)인 질소(質素)의 정(精)을 간직하고 있어서
남자(男子)거나 여자(女子)거나
정절(貞節)을 견고(堅固)하게 해주는 것인데
사람들이 음행(婬行)하기를 좋아하고 일삼으면

폐(肺)가 손상(損傷)을 당한다.

肺爲少陰金性堅貞故男正女潔而人好婬則肺氣枯竭故

폐(肺)는 소음(少陰)이며
금성(金性)의 성질(性質)이 있어서 단단하고 지조(志操)가 굳어
남자(男子)는 올바르고
여자(女子)는 정결(貞潔)하고자 하는 것인데
사람들이 음행(婬行)을 좋아해서 호색(好色)에 빠지면
폐기(肺氣)가 고갈(枯竭)된다.

云沴沴惡氣也旱災曰沴也

그러므로
음행(婬行)을 요사(妖邪)스런 악기(惡氣)라고 하는 것이며
땅이 타들어가는 가문 한재(旱災)를 려(沴)라고도 한다.

酒戒者南方火也太陽之氣物以之成而人好酒則心受其毒
주계자남방화야태양지기물이지성이인호주칙심수기독

술을 마시지 말라는 주계(酒戒)는 남방화(南方火)이다.
남방화(南方火)는
태양(太陽)의 기운(氣運)이 모여
화력(火力)으로
물질(物質)이 성체(成體)를 이루도록 하고 있는데
사람이 술을 즐기면
심장(心藏)은 독(毒)을 마시는 것이 된다.

心爲一身之主以成乎人是太陽之氣也好酒之人則毒衝
심위일신지주이성호인시태양지기야호주지인칙독충

심장(心藏)은 일신(一身)의 생성(生成)을 주재(主宰)하는데
이는
태양(太陽)의 기운(氣運)이 역사(役事)하는 일이다.
그런데 술을 즐기면
그 술의 독(毒)이

一四九

於心藏府荒廢以致迷喪者也

심장부(心藏府)이 치미상자야

심장(心藏)을 공격(攻擊)하여 심장(心藏)은 충격(衝擊)에 빠지고

심장부(心藏府)는 황폐화(荒廢化)되고

정신(精神)은 혼탁(混濁)해지고 목숨도 잃을 것이다.

妄語戒者中央土德信而人妄語則脾受其辱

망어계자중앙토덕신이인망어칙비수기욕

망령(妄靈)된 말을 말라는 망어계(妄語戒)는 중앙토(中央土)이다.

중앙토(中央土)는 덕(德)으로 역사(役事)하기 때문에 신망(信望)이 두터운 것인데

사람들이 두서(頭緖)없이 망발(妄發)을 하면

비장(脾藏)이 치욕(恥辱)을 당한다.

脾屬土土信而有恆故言德也人之稟性以信爲本而人妄

비속토토신이유긍고언덕야인지품성이신위본이인망

비장(脾藏)은 토(土)에 속(屬)하고

토(土)는 신(信)이어서

한결같은 고(故)로 언덕(言德)이라 하고

그리하여
사람이 타고나는 천성(天性)이
신(信)을 근본(根本)으로 삼는 것이다.

語則辱歸於已脾總人身爲義也
_{어 칙 욕 귀 어 이 비 총 인 신 위 의 야}

그런데
사람이 말을 함부로 쏟아내고 망발(妄發)을 하게 되면
욕(辱)됨이 자기(自己)에게 돌아오게 되는데
이는
비장(脾藏)이 인신(人身)을 의(義)로 거느리기 때문이다.

五德相資不可虧缺
_{오 덕 상 자 불 가 휴 결}

오덕(五德)은 서로가 서로를 자량(資糧)으로 삼기 때문에
부족(不足)하거나 파손(破損)되면 안 된다.

虧謂廢也缺謂傷也言人受生必備此五德五德無虧則終
_{휴 위 폐 야 결 위 상 야 언 인 수 생 필 비 차 오 덕 오 덕 무 휴 칙 종}

老君曰此五失一卽命不成
로군왈차오실일즉명불성

노군(老君)께서 말씀하셨다.
이 다섯 가지 가운데 어느 하나라도 잃게 되면

享福吉故云不可虧缺者也
향복길고운불가휴결자야

오덕(五德)이 모자라거나 결손(缺損) 부분(部分)이 없다면
만약(萬若)에
반드시 오덕(五德)을 구비(具備)하고 오는 것이기 때문에
사람이 세상(世上)에 태어날 때는
말하는 언어(言語)란
있어야 할 것이 없어 상해(傷害)를 입는 것이다.
결(缺)이란
쓸모가 없어 폐기(廢棄)하는 것이고
휴(虧)란

종신(終身)토록 복덕(福德)과 길사(吉事)를 누리게 될 것이다.
그러므로
절대(絶對)로 휴결자(虧缺者)가 되어서는 안될 것이다.

생명(生命)을 부지(扶持)하기가 매우 어렵게 될 것이다.

向辯人身各有所生此名毀犯虧缺之咎故云命不成命不

향변인신각유소생차명훼범휴결지구고운명불성명불

자세(仔細)히 더 이치(理致)를 들어 설명(說明)하겠다.

사람의 인신(人身)이란

어느 부분(部分)마다

각각(各各)

생리적(生理的)으로 역사(役事)하는 사명(使命)이 따로 있는데

이러한 고유(固有)한 각각(各各)의 명목(名目)이

훼손(毀損)되고 위반(違反)하고 모자라게 되고 빠지게 되면

그러한 허물로 인(因)하여

생명(生命)을 부지(扶持)할 수 없게 될 것이라고 말하는 것이다.

成者謂不全其性分及天年也元命包曰行正不過得壽命

성자위불전기성분급천년야원명포왈행정불과득수명

부지(扶持)할 수 없다는 불성(不成)이라는 말은

그 각각(各各) 타고난 성질(性質)이 분산(分散)되면

천년(天年)을 온전하게 보존(保存)할 수 없다는 것을 이르는 말이다.

춘추포폄론(春秋褒貶論) 원명포(元命包)에 이르기를

壽命正命
수 명 정 명

여기에서 말하는 수명(壽命)은 정명(正命)을 말한다.

행동(行動)이 곧고 정직(正直)하여 과오(過誤)가 없으면 수명(壽命)을 누리게 된다 하였다.

是故不殺者乃至無有殺心
시 고 불 살 자 내 지 무 유 살 심

그러므로 살생(殺生)하지 말라는 불살(不殺)은 마음에서 살심(殺心)조차 없애버리는 것이다.

夫殺心之起起於不戒遂至增甚今言乃至無有殺心者自
부 살 심 지 기 기 어 불 계 수 지 증 심 금 언 내 지 무 유 살 심 자

무릇 살심(殺心)이란 계법(戒法)을 지키지 않는데서 살심(殺心)이 일어나 살기(殺氣)가 많아지고 심(甚)해지는 것이다. 지금 말하는 것은

微自防也自有雖不手殺或因人行殺或勸人行殺或看人
行殺或使人行殺而心不爲惡皆同於殺也所以然者皆由

살심(殺心)을 품지 말고 아주 없애 버리라는 것인데
이는
아무리 미미(微微)하고 사소(些少)한 것일지라도
죽여 버리거나
살심(殺心)을 품지 않도록 항상(恒常) 방비(防備)해야 하고
혹여(或如) 그런 일이 있게 될 때에
자기 손으로 직접(直接) 죽이지는 안했을지라도
혹(或)은
남이 살생(殺生)을 하게끔 원인(原因) 제공(提供)을 하거나
혹(或)은
남에게 권(勸)하여 살생(殺生)을 하게 하거나
혹(或)은
다른 사람이 살생(殺生)을 하는 것을 구경하고 있거나
행살혹사인행살이심불위악개동어살야소이연자개유
혹(或)은

다른 사람을 부추겨 살생(殺生)을 하게 하거나 하는 것은 마음이 표독(慓毒)한 마음을 품지 않았을 지라도 모두가 다 살생(殺生)과 동일(同一)하다.

그렇게 된 까닭은

유 살 심 약 기 불 계 종 불 능 성 취 자 야
有殺心若其不戒終不能成就者也

모두가 다 살심(殺心)을 품고 있었기에 일어난 일이기 때문이다.

만약(萬若)에

불살계(不殺戒)를 지키지 않는다면

갈망(渴望)하는 바를 끝내는 아무것도 성취(成就)하지 못할 것이다.

불 도 내 지 무 유 사 취
不盜乃至無有邪取

도둑질하지 말라는 불도(不盜)는

사악(邪惡)하게 갈취(喝取)하는 일을 없애는 것이다.

위 탐 도 지 인 시 어 소 절 불 계 수 지 대 취 혹 인 공 리 사 혹
謂貪盜之人始於小竊小竊不戒遂至大取或因公利私或

절도(竊盜)를 탐(貪)하는 사람은

憑法招物或依恃勢力封山畋澤或誘說癡愚以役其力如
此而得皆非正理同於盜故云乃至無有邪取明非正偸盜

처음에는 사소(些少)한 좀도둑질에서 시작(始作)하는데
좀도둑질을 계법(戒法)으로 다스리지 아니하면
점점(漸漸) 더 큰 것을 절취(竊取)하게 되고
혹(或)은
공적(公的)인 일을 하면서 사리사욕(私利私慾)을 채우거나
혹(或)은
국법(國法)을 빙자(憑藉)하여 물건(物件)을 거두어들이거나
혹(或)은
세력(勢力)을 내세워 의시(依恃)대며 남의 논밭을 빼앗고
혹(或)은
어리석고 우둔(愚鈍)한 사람을 꾀어 그 힘을 부려먹거나 하는
이러한 것들은 모두가 다 정리(正理)가 아니며
절도(竊盜)와 똑 같은 것이다.
그러므로

也貪婪皆是者也
야 탐 람 개 시 자 야

만족(滿足)할 줄 모르는 탐욕(貪慾)도 투도(偸盜)와 같다.

사악(邪惡)한 마음으로 갈취(喝取)해서는 안 되고 정리(正理)가 아닌 것은 모두가 투도(偸盜)라는 것을 분명(分明)히 알아야 할 것이다.

不婬乃至無有邪念
불 음 내 지 무 유 사 념

음행(婬行)하지 말라는 불음(不婬)은 사음(邪婬)하고자 하는 음념(婬念)마저 잘라내야 한다는 것이다.

婬者皆由放恣或男或女情慾不一尋五戒之重莫過於婬
음 자 개 유 방 자 혹 남 혹 녀 정 욕 불 일 심 오 계 지 중 막 과 어 음

음행(婬行)은 모두가 방자(放恣)한 행실(行實)과 혹(或)은 남자(男子)나 혹(或)은 여자(女子)의 한결같지 않은 변덕(變德) 때문에 일어나는 일인데

오계(五戒) 가운데에
이 음행(婬行) 보다
더 중요(重要)하고
더 죄과(罪過)가 큰 것은 없어서

亡身喪家故不復論又有不畏罪綱因法媾慾外託奉道內

망신상가고불복론우유불외죄강인법구건외탁봉도내
망신(亡身)을 당하는 것은 말할 것도 없고
초상(初喪) 집이 된다고까지 하였으므로 더 거론(擧論)하지 않겠다.
또한
죄(罪)가 무서운 줄도 모르고
윤리(倫理)가 있는데도 따르지 않고 중혼(重婚)의 잘못을 저지르고
겉으로는
의탁(依託)하며 도(道)를 받드는 척 하면서

實姪濁如斯之徒實爲巨惡故云乃至無有邪念自非夫妻

실음탁여사지도실위거악고운내지무유사념자비부처
속으로는
음행(婬行)하면서 흙탕물을 일으키는데 이러한 무리들은
실제(實際)로는

감당(堪當) 못할 큰 죄악(罪惡)을 짓고 있는 것이다.

그러기에 이르기를

사악(邪惡)한 음념(婬念)까지도 도려내라 하였고

而行婬者皆爲邪也
이행음자개위사야

부부(夫婦)가 아닌데도 행음(行婬)을 하는 것은 모두가 사악(邪惡)한 것이라 하였다.

不酒乃至無有勢力
불주내지무유세력

술을 마시지 말라 한 불주(不酒)는 과시(誇示)하려는 힘자랑도 없애라는 것이다.

夫酒致過或因尊上之所勸逼遂至亂失今以戒自持雖有
부주치과혹인존상지소권핍수지란실금이계자지수유

무릇 술을 지나치게 마셨거나

윗사람이 아랫사람을 강제(强制)로 밀어붙여
술을 마시게 하여
인사불성(人事不省)이 되게 만드는 것을 말한다.
이제
불주계(不酒戒)를 잘 지켜

勢力亦不違犯酒之傷人如火不救逾多逾盛不極而不止

비록
대단한 세력(勢力)이 있다 하더라도
불주계(不酒戒)를 위반(違反)하고 범(犯)하게 하여
상(傷)하는 일이 없도록 해야 할 것이다.
사람은 불길과 같아서
한잔두잔 자꾸 마시게 되면
불길이 더욱 활활 타올라 구(求)할 수가 없게 되고
끄트머리까지 가지 아니하면

者也

불길이 꺼지지도 않게 된다.

不妄語乃至無有漏泄

함부로 말하지 말라는 불망어(不妄語)는
사소한 비밀(秘密)이라도 함부로 누설(漏泄)하지 말아야 한다.

眞實之心則無私惡無私惡故無有隱諱無隱諱復何漏泄也

진실(眞實)된 마음은
사사(私事)로운 악감정(惡感情)이 없는 것이다.
사악(私惡)한 감정(感情)이 없는데
꺼리어 숨기거나 감출 것이 어디에 있겠는가?
사사(私事)로운 악감정(惡感情)이 없어서
숨기고 감출 것이 없는데
입에서 토(吐)해 낼 것이 무엇이 있겠는가?

如是可謂成也
여시가위성야

계법(戒法)을
이와 같이 준행(遵行)하고 지켜 나간다면
갈망(渴望)하는 바대로 모두 성취(成就)할 것이다.

前云失一則命不成是理夫曲備今旣重說其義粗顯故云
전운실일칙명불성시리부곡비금기중설기의조현고운

앞에서 말한 것을
한 가지라도 잃어버리면
생명(生命)을 부지(扶持)할 수 없을 것이다 한 것은
이러한 이치(理致)인 것이다.
꾸부러지기 전(前)에
미리미리 방비(防備)하여야 한다.
지금 거듭 말하게 되는 것은
표현(表現)한 뜻이 너무 엉성하기 때문인데

如是可謂成也
여시가위성야

이와 같이

老君曰戒中婬酒能生五惡

노군(老君)께서 말씀하셨다

경계(警戒)하라 한 음행(婬行)과 음주(飮酒)는 능(能)히 오악(五惡)을 생기게 한다.

계법(戒法)을 지켜나간다면 가(可)히 성취(成就)함이 있을 것이다.

婬則奢奢則貪貪則盜盜則欺欺則懼懼則殺此並婬之所

음행(婬行)을 하면

사치(奢侈)하며 방종(放縱)하게 된다.

탐욕(貪慾)에 휩싸이게 된다.

투도(偸盜)를 저지르게 된다.

투도(偸盜)를 하면

사기(詐欺)를 치게 된다.

一六四

사기(詐欺)를 하면
두려워 겁(怯)을 먹게 된다.
겁(怯)을 먹으면
살인(殺人)을 하게 된다.
이러한 것들이 모두
음행(婬行)하므로 하여 일어나는 일들이다.

能至也酒能發狂又能婬太淸經云人身有三萬六千蟲皆

또한
술을 마시게 되면
술이 사람을 발광(發狂)하게 만들고
또 술김에
음행(婬行)을 저지르게 만든다.

태청경(太淸經)에서 말하였다.
사람 몸에는
삼만륙천충(三萬六千蟲)의 벌레가 있는데

在五藏皮膚之中飮酒則諸蟲噆動噆動則衆惡興衆惡興
則無所不爲故云能生五惡也

이 벌레들은
오장(五藏)과 피부(皮膚)에 붙어살고 있으면서
술을 마시면
모든 벌레들이 입에 술을 머금고 난동(亂動)을 부리는 것이다.
벌레들이
입에 술을 가득 머금고 난동(亂動)을 부리면
온갖 가지가지 악얼(惡孼)들이 벌떼처럼 일어나게 되고
악얼(惡孼)들이 벌떼처럼 일어나면
하지 못할 것이 없어서
닥치는 대로 일을 저지르게 되므로
술은
자기 마음대로
오악(五惡)을 만들어낼 수 있는 능력(能力)이 있다 한 것이다.

戒者戒惡也惡世之中男女讙婬㑩於骨肉

계(戒)란
악(惡)을 경계(警戒)하라는 것이다.
오탁악세(五濁惡世)에 있는
남녀(男女)가
음욕(婬慾)을 시끄럽게 행(行)하면
그 화(禍)가 골육지친(骨肉之親)에게까지 미친다.

讙謂雜也㑩謂犯也言婬慾之心人乃至不避姓族因法混

시끄럽게 분별(分別)없이 환락(歡樂)에 빠진다는
환(讙)이라는 말은
오만 잡(雜)된 것을 일컫는 말이다.
재난(災難)을 당하거나 질병(疾病)에 걸린다는
리(㑩)라는 말은
무슨 일을 당할지도 모르면서 분별없이 범(犯)한다는 말이다.
이 말은
음행(婬行)을 하려고
야욕(野慾)을 품은 사람의 심보는

雜無復分別者也
_{잡 무 복 분 별 자 야}

성씨(姓氏)도 가리지 않고
혈족(血族)도 가리지 않고
마구잡이식으로 닥치는 대로 분별(分別)없이
아무나 음욕(婬慾)의 대상(對象)으로 삼는다는 것이다.

上慢下暴毀蔑天德
_{상 만 하 폭 훼 멸 천 덕}

위로는 오만방자(傲慢放恣)한 것이고
아랫사람에게는 포악(暴惡)하게 구는 것으로
이는
하늘의 천덕(天德)을 훼손(毀損)하고 경멸(輕蔑)하는 것이다.

上慢天靈爲蔑下相殘害爲暴之者也
_{상 만 천 영 위 멸 하 상 잔 해 위 폭 지 자 야}

위로
천령(天靈)에 대(對)하여 오만(傲慢)하면
경멸(輕蔑)하는 것이고

沈酗爭訟禍命辱身
침 후 쟁 송 화 명 욕 신

술에 녹초가 되어 다투고 소송(訴訟)을 벌리면 명(命)에 화(禍)가 닥치기도 하고 몸을 욕(辱)되게도 한다.

沈猶耽也狂酒曰酗對鬥爲爭訴理爲訟害命爲禍陷身爲
침 유 탐 야 광 주 일 후 대 두 위 쟁 소 리 위 송 해 명 위 화 함 신 위

침(沈)은 빠져서 허우적거리는 것이다.
술에 미쳐서
날마다 술주정이나 하고
싸움을 걸고 대들며 다투기나 하고
소리소(訴理所·官署名)에 고소(告訴)나 고발(告發)을 일삼아
생명(生命)을 위태(危殆)롭게 하고

辱也
욕 야

몸은 자기가 파놓은 함정(陷穽)에 빠져 치욕(恥辱)을 당한다.

아랫사람에게 잔혹(殘酷)하게 상해(傷害)를 가(加)하면 포악(暴惡)한 것이다.

妄詐欺誑罔有所由
망사기광망유소유

망령(妄靈)된 말로 사기(詐欺)치거나 속이거나
걸리는 대로 무엇이든 숨기고 감추려 드는 것이다.

妄謂妄語詐謂詐僞欺謂妄詐之人要求財利不顧在此三
망위망어사위사위기위망사지인요구재리불고재차삼

- 망(妄)이란
- 망령(妄靈)된 말을 하는 것이고
- 사(詐)란
- 협잡(挾雜)하며 위장(僞裝)하는 것이고
- 기(欺)란
- 자기 마음먹은 대로 망령(妄靈)되게 속이고 기만(欺瞞)하는 것이다.

이러한 방법(方法)으로
남의 재물(財物)을 편취(騙取)하려 하고
탐욕(貪慾)을 위(爲)해서
아무것도 돌아보지 않고 날뛰는 것에는

者也
자야

망(妄)과 사(詐)와 기(欺) 이 세 가지가 있다.

六親相盜非但於他
육친상도비단어타

육친(六親)끼리도 서로 훔치기도 한다.
투도(偸盜)는 남에게서만 훔치는 것이 아니다.

夫婦父子兄弟六親也言爲盜者非但於他乃至子盜於父
부부부자형제육친야언위도자비단어타내지자도어부

부부(夫婦)와 부자(父子)와 형제(兄弟)가 육친(六親)이다.
여기에서 말하는 도둑질이란
비단(非但) 남에게서만 도둑질하는 것이 아니라
더 나아가서
자식(子息)이 아버지 것을 훔치기도 하고
아내가 지아비의 것을 훔치기도 하고

婦盜於夫兄弟相盜無所不爲
부도어부형제상도무소불위

형제(兄弟)들끼리 서로 훔치기도 하고
도둑질이란
어느 누구에서라도 못할 바가 없는 것이다.

殺害衆生利養身口
살해중생리양신구

다른 생명(生命)을 죽이고 해코지하여
내 몸을 살찌우고 입맛을 돋우려 한다.

殺生治病爲養身宰害供廚爲利口也
살생치병위양신재해공주위리구야

다른 생명(生命)을 죽여서
내 몸의 병(病)을 치료(治療)하는 것을
내 몸을 좋게 한다하여 양신(養身)이라 하고
짐승을 잡아서
부엌에서 요리(料理)하는 것을
내 입맛을 돋우려 하는 것이므로
리구(利口)라 한다.

如此等輩見生受業永墮諸苦
여차등배견생수업영추제고

이와 같은 무리들은
살아서는 업보(業報)를 받게 되는 것을 볼 것이고
죽어서는 지옥(地獄)에 떨어져 온갖 고통(苦痛)을 겪게 될 것이다.

生不受戒唯惡是行惡業增長則淪三塗
생불수계유악시행악업증장칙륜삼도

살아생전(生前)
계법(戒法)을 받아 수지(受持)하지 아니하고
오직
나쁜 악행(惡行)만 일삼는다면
악업(惡業)은 자꾸자꾸 불어나서 삼악도(三惡塗)에 빠질 것이다.

備加五惡無有休限
비가오악무유휴한

자기(自己)가 준비(準備)한 대로
오악(五惡)의 고통(苦痛)을 받을 뿐만 아니라
잠시(暫時)라도 쉴 틈이 없을 것이다

其有五惡者則入地獄備五苦之報無有休息及年限也經

여기에서 말하는 오악(五惡)이란
지옥(地獄)에 들어가게 되면
그곳에서 기다리고 있는
오고(五苦)의 응보(應報)를 말하는데
휴식(休息)은 전혀 없으며
형벌(刑罰)이 끝나는 기간도 한(限)이 없다

云三塗受報近者一劫

경(經)에서 말하였다
삼도(三塗)에서 형벌(刑罰)을 받는 기간(期間)은
가장 짧은 것이
일겁(一劫)이라고 하였다

如有出者

더러는 환생(還生)되어 나오는 자(者)도 있다

言其受對或有輕重如有得竟還生人中者也
언기수대혹유경중여유득경환생인중자야

이 말은
받는 형벌(刑罰)을 받는 것을 대조(對照)해 볼 때
그 죄(罪)가
가벼운 자(者)가 있기도 하고
혹(或)은
무거운 자(者)가 있기도 하여
그 죄(罪)가 경미(輕微)한 자(者)는 풀려나 환생(還生)하여
다시 사람으로 태어나기도 한다는 말이다.

當在邊夷短命傷殘
당재변이단명상잔

변방(邊方)의 오랑캐로 태어나서
살해(殺害)당하거나 단명보(短命報)를 받기도 하고
상처(傷處)를 입고 불구자(不具者)가 되기도 한다.

邊夷俚獠也其人相食此謂殺害之報受生此地若生中國
변이리료야기인상식차위살해지보수생차지약생중국

변방(邊方) 오랑캐인 변이(邊夷)란

출신(出身)이 천(賤)하고 험상궂은 사람들을 일컫는 것으로
그들은
서로가 서로를 잡아먹기도 하는데
이는
서로가 살해(殺害)를 했던 인과응보(因果應報)로
그러한 지역(地域)에 그렇게 태어나게 된다.

則短命及形體不具
칙 단 명 급 형 체 불 구

만약(萬若)에
그러한 인과(因果)를 가진 사람들이
중국(中國) 땅 황성지역(皇城地域)에 태어난다면
단명(短命)하게 되거나
사지(四肢)가 온전하지 않은 불구자(不具者)로 태어나게 된다.

夫婦醜惡及不貞廉
부 부 추 악 급 불 정 렴

사음(邪婬)의 응보(應報)를 받는 것은
부부(夫婦)가 서로 추악(醜惡)하게 행동(行動)하고
정조(貞操)도 없고 염치(廉恥)도 없다.

一七六

婬報也醜謂可憎惡謂弊惡不貞爲婬不廉爲貪也

음보야추위가증악위폐악불정위음불렴위탐야

이 말은

사음(邪婬)의 업보(業報)를 말한 것이다.

더럽다는 추(醜)는 가증(可憎)할만한 것을 말하는 것이고

미워한다는 오(惡)는 나쁜 짓을 하는 것을 말한다.

악(惡)이란 부정행위(不貞行爲)이다.

사음(邪婬)을 하면

염치(廉恥)가 없어지고 뻔뻔스럽게도 탐욕(貪慾)까지 부리게 된다.

貧窮凍露在處不安如有財畜爲人所奪

빈궁동로재처불안여유재축위인소탈

도둑질한 응보(應報)로

가난하게 태어나서

한 겨울철에도 헐벗은 몸으로 추위에 떨게 된다.

어디를 가든 불안하고

설사(設使)

재물(財物)과 가축(家畜)이 있어도 남에게 빼앗긴다.

盜報也凍露謂居無屋宅不安謂饑寒不立縱有財物則被
_{도 보 야 동 로 위 거 무 옥 택 불 안 위 기 한 불 립 종 유 재 물 칙 피}

이 말은 도둑질한 업보(業報)를 말한 것이다.
추운 엄동설한(嚴冬雪寒)에도 헐벗은 몸으로 벌벌 떤다는 말은
몸을 붙이고 살집이 없다는 것이고
불안(不安)하다는 것은
배고프고 추워서 제대로 서 있을 수가 없다는 것이고
설령(設令)
재물(財物)이 있다 할지라도

劫奪以償先債也
_{겁 탈 이 상 선 채 야}

겁탈(劫奪) 당하여
전생(前生)에 내가 빼앗았던 빚을 갚게 되는 것이다.

言說不信人所不親
_{언 설 불 신 인 소 불 친}

망어죄(妄語罪)를 지은 응보(應報)로는
아무리 좋은 말을 하여도
곧이 들으려 하지도 않고
가까이 하려 하지도 않는다.

妄語報也其所言說是之與非人皆不信旣無信義甯得親
망어보야기소언설시지여비인개불신기무신의녕득친

이 말은
망어죄(妄語罪)에 대(對)한 업보(業報)를 말한 것이다.
아무리 올바른 말을 하여도
사람들이 시비(是非)를 걸고
모두가 믿지 않고 불신(不信)하니
신의(信義)가 없는데

友也
우 야

어찌
친(親)한 친구(親舊)를 얻을 수 있겠는가?

意慮昏塞衆所慢輕
의 려 혼 색 중 소 만 경

음주죄(飮酒罪)를 지은 응보(應報)는
의식(意識)이 뚜렷하지 못하고
사려(思慮)가 옹색(壅塞)하고 흐리멍덩하므로
많은 사람들이 오만(傲慢)하게 대(對)하며 경멸(輕蔑)한다.

酒報也生旣昏濁死無神明此之受身豈得淸靜故人所輕慢

주보야생기혼탁사무신명차지수신기득청정고인소경만

이 말은
음주죄(飮酒罪)를 지은 응보(應報)로
살아서는
멍텅구리처럼 혼탁(混濁)하게 살고
죽어서는
신명(神明)이 없는 명계(冥界)로 들어가게 되는데
어떻게
그러한 처지(處地)에 있게 된 몸으로
청정(淸靜)을 얻을 수 있겠는가?
그러므로 사람들로부터
경멸(輕蔑)을 당하고 무시(無視)를 당하는 것이다.

老君曰淸信男淸信女奉持戒行見世安樂無有憂惱

로군왈청신남청신녀봉지계행견세안락무유우뇌

노군(老君)께서 말씀하셨다.
청신남(淸信男)과 청신녀(淸信女)가
계법(戒法)을 지켜 받들고 진실(眞實)로 행(行)하면
세상(世上)에 살면서 언제나 안락(安樂)할 것이며

근심과 걱정과 번뇌(煩惱)가 없을 것이다.

奉戒持行所志者道衆惡旣消長與善會復何憂惱哉夫憂
계법(戒法)을 받들고 준행(遵行)하고자
도(道)에 뜻을 둔
여러 도반형제자매(道伴兄弟姉妹)들은
재계(齋戒)를 하고
이미
악얼(惡孽)은 소멸(消滅)되어
장대(長大)하게 선(善)과 함께하게 되었으니
어찌
근심과 걱정과 번뇌(煩惱)가 있을 수 있겠는가?

惱者由於惡行故與惡相牽耳豈有不爲而至者邪
무릇
근심과 걱정과 번뇌(煩惱)라고 하는 것은
악(惡)한 행동(行動)이 빚어낸 것이기 때문에
그러므로

一八一

衆所恭敬
중소공경

모든 대중(大衆)들이 항상 공경(恭敬)할 것이다.

악(惡)과 관련(關聯)되어 고통(苦痛)을 받는 것인데
내가 아무 짓도 하지 않는다면
어디에서 무슨 사악(邪惡)한 것이 달려들어
나에게 어떤 고통(苦痛)을 주겠는가?

不婬則爲衆所敬也
불음즉위중소경야

이 말은
사음(邪婬)을 행(行)하지 아니하면
모든 대중(大衆)들의 공경(恭敬)을 받게 된다는 말이다.

見者懽喜
견자환희

보는 사람마다
만나는 사람마다 반기고 기뻐할 것이다.

무복살심고 일절견지막불환희자야
無復殺心故一切見之莫不懽喜者也
다시 살생(殺生)하려는 살심(殺心)이 뿌리까지 뽑혔다면
만나는 사람마다
반기고 기뻐하지 않을 사람이 없을 것이다.

상몽리양
常蒙利養
늘 상 이익(利益)도 주고 도움도 줄 것이다

불도야기무사취칙인락급여야
不盜也旣無邪取則人樂給與也
도둑질을 하지 아니하면
이미
사악(邪惡)하게 취득(取得)하는 것이 없을 것이니
사람들이 즐거워하며 베풀어 줄 것이다.

일절귀앙
一切歸仰
일체(一切)가 모두 따르고 추앙(推仰)할 것이다.

一八三

不妄語也所言必實誰不歸仰
불망어야소언필실수불귀안

망령(妄靈)된 말을 아니하면
말하는 바가 반드시 진실(眞實)될 것이므로
어느 누가 따르지 않고 추앙(推仰)하지 않겠는가?

其智深微
기지심미

지혜(智慧)는
심오(深奧)해지고 정미(精微)로와질 것이다.

不飮酒也則思慮安靜入於深微
불음주야칙사려안정입어심미

술을
마시지 아니하면
사려(思慮)가 깊어지고 안정감(安定感)이 있음으로 하여
심오(深奧)하고 정미(精微)로운 경지(境地)에 들게 될 것이다.

處在淸靜四大完堅
처재청정사대완견

이르는 곳마다 청정(淸靜)하므로
사대색신(四大色身) 또한 완전(完全)해지고 견고(堅固)해질 것이다.

旣受此五報行止所在人所敬愛常淸靜不雜凡穢四體也
기수차오보행지소재인소경애상청정불잡범예사체야

이미 이 다섯 가지 계법(戒法)을 받아 행(行)하면
행동거지(行動擧止)의 좋은 보응(報應)이 따라
사람들이 있는 곳마다 경애(敬愛)하는 바가 되어
항상(恒常) 청정(淸靜)해져서
세상(世上)의 잡(雜)되거나 속(俗)되거나 한
더러운 때가 묻지 않는 사체(四體)가 될 것이다.

外思不加則內府無傷表裏堅密萬病不生也
외사불가칙내부무상표리견밀만병불생야

외부(外部)로부터 생각이 들어와 온갖 간섭(干涉)을 하지 아니하면
내부(內府)에 있는 오장육부(五臟六腑)가 손상(損傷)을 입지 않는다.
그렇게 되면
겉과 속이 갈라진 틈이 없이 단단해지고 치밀(緻密)해져서

一八五

故能修集衆法以成道眞

그렇게 되면
온갖 법(法)에 집중(集中)하여 닦을 수 있어
도(道)를 이루고 진인(眞人)의 섬돌도 밟을 수 있게 될 것이다.

前明無戒惡緣果報此明奉法見世受福乃至成道莫不由

전(前)에 말한 명(明)은
계법(戒法)이 없어서
악(惡)의 얼연(孽緣)으로 악(惡)의 과보(果報)를 받았다는 것이고
차(此)에 말하는 명(明)은
계법(戒法)을 받들어 현시(現時)에 복(福)을 받고
성도(成道)에까지 이르게 된 것을 말하는 것인데
이것이
계법(戒法)을 받들고 지킨 공덕(功德)이 아니라고 하지 말라.

오만가지 만병(萬病)이 생겨날 수 없게 되는 것이다.

之又明爲道必修集衆善乃得成眞故以法明道以眞明人

또한 명(明)에 있어서
도(道)는
반드시 온갖 선(善)을 모아서 닦아 비로소 얻게 되는 것이다.
그러므로
법(法)은 도(道)를 밝히는 명(明)인 것이고

者也
자야

진(眞)은 인(人)을 밝히는 명(明)인 것으로
사람들은
이 진(眞)을 밝혀 진인(眞人)의 길에 드는 것이다.

尹喜再拜曰敢問受持之法
윤희재배왈감문수지지법

윤희(尹喜)가 재배(再拜)를 올리며
태상노군(太上老君)께 여쭈었다.
감(敢)히 묻겠나이다.
계법(戒法)을 어떠한 방법(方法)으로 수지(受持)해야 하는지요?

一八七

受當爲授戒法旣備次問授持之儀也更起諮端故再拜而

수당위수계법기비차문수지지의야경기자단고재배이

노군(老君)에게서 윤희(尹喜)가 마땅히 전수(傳授)받은 계법(戒法)을 받은 계법(戒法)을 지켜나가는 의식(儀式)을 물은 것이다. 다시 일어나 자문(諮問)하며 단정(端正)히 재배(再拜)를 올리고

請 청

간청(懇請)하며 여쭌 것이다.

老君曰若男子女人聞法生信歸身三寶

로군왈약남자여인문법생신귀신삼보

노군(老君)께서 말씀하셨다.

만약(萬若) 남자(男子)나 여자(女子)나 계법(戒法)을 듣고 신심(信心)이 생겼다면 온 몸을 다 바쳐 삼보(三寶)에 귀의(歸依)해야 할 것이다.

此直曰男子女人者總謂始發心也法謂戒法也三寶亦曰
여기에서 곧바로 남자(男子) 여자(女子)란
모두 처음 초발심(初發心)을 낸 사람을 말한다.
법(法)이란 계법(戒法)을 말한다.
삼보(三寶)란 삼존(三尊)을 말한다.

三尊亦曰三師謂太上之法太上之法傳太上之法是爲三
삼존(三尊)이란 삼사(三師)를 말하는데
이 삼사(三師)를 태상지법(太上之法)이라고 한다.
태상지법(太上之法)에서는 태상지법(太上之法)을 전(傳)하는데
이 태상지법(太上之法)이 바로 삼(三)이다.

也故太上爲萬法之主傳法者爲衆學之師老君卽此法之
그러한 고(故)로 태상(太上)이란
만법(萬法)의 주(主)가 되시며

法(법)을 전(傳)하는 전법자(傳法者)이시며
모든 학문(學問)의 스승이 되신다.
노군(老君)은
곧
이 법(法)의 스승이시며

師餘法各隨所出

그 외(外) 여러 가지 법(法)도
각각(各各) 모두 이로 쫓아서 세상(世上)에 나온 것이다.

即時稽顙

곧바로 윤희(尹喜)가 이마가 땅에 닿도록 조아렸다.

言有欲發心者即時授與不待依違辯其由來所以者何戒

이 말은
초발심(初發心)을 내고자 하는 사람이 있을 때는
즉시(即時) 계법(戒法)을 전수(傳授)해 주어야 하는 것이지

행동(行動)이 어긋났을 때를 기다려서는 안 된다.

행동(行動)을 어기게 되면
어떻게 하여 어기게 되었나 하는
계법(戒法)을 주고자 한다면 그것이 무슨 소용(所用)이란 말인가?

本去惡但令有心何論往行且人心多惑自有善機蹔起迴

본거악단령유심하론왕행차인심다혹자유선기잠기회

계(戒)란 본래(本來)가 악(惡)을 제거(除去)시키고자 한 것인데
무언가를 따지며 그냥 지나쳐서야 되겠는가?
더욱이 사람의 마음이란 의혹(疑惑) 덩어리인데
선기(善機)가 잠시 스스로 일어났을 때 손길 잡기를 놓쳐버리면
그대로 퇴보(退步)하여 후회(後悔)하게 될 것이다.

復退悔故承機而獎不待終日也

복퇴회고승기이장불대종일야

그러므로
기연(機緣)이 당았을 때 장려(奬勵)해야 하는 것이지
날이 그대로 끝나게 두어서는 안될 것이다.

一九一

歸身大道歸神大道歸命大道

온 몸을 다 바쳐 대도(大道)에 귀의(歸依)하고
온 신명(神明)을 다 불살라 대도(大道)에 귀의(歸依)하고
목숨이 다 하도록 대도(大道)에 귀의(歸依)하겠나이다.

此三歸者謂身有善惡神有恐怖命有壽夭蓋一切衆生之

삼귀(三歸)라는 것은 몸을 일컫는 말로
몸에는 선악(善惡)이 있고
신(神)에는 공포(恐怖)가 있고
명(命)에는 수요장단(壽夭長短)이 있다.

이는
일체(一切) 중생(衆生)들에게는 반드시 있는 것이다.

必有也今以此三悉歸於道者謂受行法戒一則行死常善

이 세 가지 — 신(身)과 신(神)과 명(命)을 다하여 대도(大道)에 귀의(歸依)한다고 하는 것은 법계(法戒)를 받아 지니고 잘 수행(修行)해 나간다는 것으로 그렇게 하면

첫째는

항상 선(善)에 머물러 있으므로 악연(惡緣)에 빠지지 않고

不墮惡緣一則神明強正不畏邪魔二則現世壽長不遭橫

둘째는

신명(神明)이 굳게 바로 서서

어떠한 온갖 사마(邪魔)에도 두려워하지 않고

셋째는

이 몸이 있는 현세(現世)에는 수명(壽命)이 길어져

어떠한 횡액요절(橫厄夭折)도 덤벼들지 못한다는 것이다.

夭歸雖有三其實一也向言歸身三寶是法此言大道是常

귀의(歸依)라고 하는 것이

비록 세 가지라고는 하지만 사실(事實)은 하나(一)이다.

이에 대(對)하여 말하자면

몸을 다 바쳐서

삼보(三寶)인 이 한 가지 일법(一法)에 귀의(歸依)한다는 말이다.

이 일법(一法)은 대도(大道)를 말하는 것인데

대도(大道)는 이것이 바로 진상(眞常)으로

即前頌云玄虛之道
즉 전 송 운 현 허 지 도

이미 전장(前章)에서 칭송(稱誦)한 바 있는 현허지도(玄虛之道)를 말한다.

男子女人
남 자 여 인

남자(男子)나 여인(女人)이

稱姓名以告誓
칭 성 명 이 고 서

성명(姓名)을 부르며 맹서(盟誓)를 고(告)하는 것이다.

捨世邪法
사세사법

세상(世上)의 사악(邪惡)한 법(法)을 버리고

捨猶離凡世間所爲悉是邪法
사유리범세간소위실시사법

버리라고 하는 사(捨)는 세간(世間)에서 하는 바 모든 행위(行爲)를 떠나라는 것으로 이는 모두가 사법(邪法)이기 때문이다.

奉持正戒
봉지정계

올바로 정계(正戒)를 받들고 지키며

如手持物恆畏遺失
여수지물긍외유실

이는 마치 귀중(貴重)한 물건(物件)을 손에 쥐고 잃어버리지 않을까 두려워하며 전전긍긍(戰戰兢兢)하는 것이다.

盡身盡命終不毀犯
진 신 진 명 종 불 훼 범

몸을 다 바치고 목숨까지도 다 바쳐서
훼손(毁損)시키거나 범(犯)하지 않도록 하겠나이다.
죽을 때까지

身語其行命言其識故盡犯二邊而不毀慢及虧犯也
신 어 기 행 명 언 기 식 고 진 범 이 변 이 불 훼 만 급 휴 범 야

몸이 말하는 대로 행동(行動)하고
명(命)이 말하는 대로 의식(意識)하므로
신(身)과 명(命)인
이변(二邊)이 저지르려는 것을 소진(消盡)해 버리면
오만(傲慢)하여 훼손(毁損)하거나
범(犯)하여서 쭈그러들지는 않을 것이다.

於是讚誦恭心而受
어 시 찬 송 공 심 이 수

이와 같이 찬탄(讚嘆)하고 외우며
공손(恭遜)한 마음으로 받아 지녔다.

讚誦五戒之事也謂受之身三歸旣竟於三寶前稽顙自誓
찬송오계지사야위수지신삼귀기경어삼보전계상자서

찬송(讚誦)이란
오계(五戒)를 찬탄(讚嘆)하며 외우는 일이다.
이는 이 몸이 계법(戒法)을 받고 삼귀의(三歸依)하고
필경(畢竟)에는
삼보전(三寶前)에서 땅에 머리를 조아리며 스스로 서원(誓願)하며

一一受解然後授之恭心者如對神也
일일수해연후수지공심자여대신야

일일(一一)이 풀어 간직하고
그러한 연후(然後)에는
공손(恭遜)한 마음으로 받아 지니기를
천지신명(天地神明)을 앞에 대(對)한 듯해야 할 것이다.

老君曰若復男子女人受正戒已進求經法
로군왈약복남자여인수정계이진구경법

노군(老君)께서 말씀하셨다.
만약(萬若)에 남자(男子)나 여인(女人)이
계법(戒法)을 올바로 받았다면

一九七

이제는 경법(經法)을 구(求)해야 할 것이다.

謂五千文者也
위 오 천 문 자 야

여기에서 경법(經法)이란
오천문(五千文)의 도덕경(道德經)을 말한다.

先當受戒
선 당 수 계

제일 먼저 우선적(優先的)으로 해야 할 일은
당연(當然)히 먼저 계법(戒法)을 받아 익혀야 하는 것이다.

向言受戒已今復云先當受戒前是受經之時更復說戒若
향 언 수 계 이 금 복 운 선 당 수 계 전 시 수 경 지 시 경 복 설 계 약

지금까지 계법(戒法)을 수지(受持)하는 것을 말하였는데
이제 다시
당연(當然)히 먼저 계법(戒法)을 받아야 한다고 말하는 것은
그 전(前)에
경(經)만을 받은 사람 때문에 다시 계법(戒法)을 설(說)하게 된 것이다.

經戒具受故宜先受戒
경계구수고의선수계

만약(萬若)에
경전(經典)과 계법(戒法)을 둘 다 함께 받았다면
마땅히 제일 먼저 계법(戒法)을 우선적(優先的)으로 지니고 익혀야 한다.

一一堅淨然後授與
일일견정연후수여

모든 행동(行動)이
일일이 견고(堅固)해지고 정갈해진 연후(然後)에
도덕경(道德經)을 수여(授與)해 주면 될 것이다.

辯覈已持戒者若有漏失許其自新明知所以更授者也
변핵이지계자약유루실허기자신명지소이경수자야

여러 가지 말들을 비교(比較)해서 살펴보면
이미 계법(戒法)을 받은 자(者)가
만약(萬若)에
여러 가지 잘못 실수(失手)를 하여 계법(戒法)을 어겼을 때는
그 자신(自身)이 스스로 밝게 알기를 기다렸다가

그때에 가서 다시 경법(經法)을 전수(傳授)해 주면 된다는 말이다.

旦暮恭心不怠時節
단모공심불태시절

아침이거나 저녁이거나 공손(恭遜)한 마음으로 때때마다 게으르거나 태만(怠慢)해서는 안 될 것이다.

朝夕禮事雖復饑寒亦不闕廢此是奉經之法也
조석례사수복기한역불궐폐차시봉경지법야

조석(朝夕)으로 예찬(禮讚)하는 일에 있어서는 비록 허기지거나 엄동설한(嚴冬雪寒)이라도 빼먹거나 폐기(廢棄)해서는 안 될 것이다. 이것이 바로 경(經)을 받들어 모시는 법(法)이다.

月修十直
월수십직

매월(每月)에 지켜야 할 날은 십직일(十直日)이 있고

월유십재일야
月有十齋日也

십직일(十直日)이란 매월(每月)마다 지켜야 할 십재일(十齋日)을 말한다.

년용삼재
年用三齋

일년(一年)에는 삼재(三齋)가 있다.

일년용삼월장재야
一年用三月長齋也

삼재(三齋)란 일년(一年)에 석 달(三月)의 긴 장재(長齋)를 말하는 것이다.

송경만편백일등신
誦經萬遍白日登晨

송경(誦經)하기를 백일(白日)을 관통(貫通)하여 만편(萬遍)에 이르면 천기(天氣)가 낭랑(朗朗)한 새벽에 승천(昇天)하게 될 것이다.

闇讀曰誦晨者眞仙之域也用此齋直誦經萬過則獲飛仙

암독(闇讀)이란 숙독성송(熟讀成誦)이란 송경(誦經)하는 것이다.
새벽을 뜻하는 신(晨)은 진선(眞仙)의 영역(領域)이다.
이 재(齋)를 이용(利用)하여
곧바로
송경(誦經)하여 만편(萬遍)을 통과(通過)하면 비선(飛仙)이 된다.

西昇經云羅縷妙言內意不出誦文萬過精誠思徹此之義

서승경(西昇經)에서 말하였다.
라루(羅縷)란 도묘(道妙)의 뿌리와 뿌리를 말하는데
경(經)이 포괄(包括)하고 있다는
그러한
신묘(神妙)한 말씀과 의미(意味)를 모두 파악(把握)하고 있다면
설령(設令)
송경(誦經)하기를 만편(萬遍)을 통과(通過)하지 않을지라도
정성(精誠)의 뢰사(雷思)가
파고들어가 사무칠 것이라 하는 말은 이러한 뜻이다.

也十直三齋別自有經也
야 십 직 삼 재 별 자 유 경 야

십직(十直)과 삼재(三齋)라는 말은 다른 경전(經典)에 있는 말들이다.

若爲人敷說宜通妙義大利衆生乃拔三塗一切諸苦
약 위 인 부 설 의 통 묘 의 대 리 중 생 내 발 삼 도 일 절 제 고

만약(萬若)에 사람들에게 충분(充分)히 설명(說明)해 주어서
의당(宜當)하게 묘의(妙義)를 통달(通達)하고
중생(衆生)들에게 크게 이익(利益)됨이 있다면
삼도(三塗)의
일체(一切)의 모든 고통(苦痛)을 뿌리까지 뽑아 버리게 될 것이다.

敷揚講說開導未悟則功德廣濟三塗救拔也
부 양 강 설 개 도 미 오 칙 공 덕 광 제 삼 도 구 발 야

충분(充分)히 설명(說明)하고 선양(宣揚)하여서
길을 터주고 이끌어 인도(引導)해 준다면
설령(設令)
깨침에까지는 이르지 못한다 할지라도
그 공덕(功德)은 광대(廣大)하여서

以是功德能斷宿命無量諸根得昇上清無復退墮

이시공덕능단숙명무량제근득승상청무복퇴타

이러한 공덕(功德)은
능(能)히
숙명(宿命)을 끊어버릴 수도 있고
무량(無量)한 선근(善根)도 뿌리를 내릴 수가 있어서
한 번 상청(上淸)에 오르면
다시 밀려나거나 타락(墮落)하는 일은 없을 것이다.

삼도(三塗)를 건네주고
위험(危險)에서 구출(救出)할 수는 있을 것이다.

功圓德備則生死根滅上淸之道無復退轉此略明學道之

공원덕비칙생사근멸상청지도무복퇴전차략명학도지

공(功)이 원만(圓滿)해지고 덕(德)이 두루 갖추어지게 되면
생사(生死)의 뿌리는 문드러지고 상청도(上淸道)를 되찾게 되어
다시는 굴러 떨어져 밀려나는 일이 없을 것이다.
이러한 것이 대략(大略)
도(道)를 배워서 이르게 되는 것을 밝힌 것이다.

所至也始自持戒終於無爲舉大法之始終者也

계법(戒法)을 지키는 것을 시작(始作)으로 삼고
무위(無爲)로 마침표를 찍을 것이며
대법(大法)을 높이 치켜들고 시종(始終)을 삼아야 할 것이다.

老君曰淸信男淸信女在家出家受持經法願樂神仙日夜誦

노군(老君)께서 말씀하셨다.
청신남(淸信男)이나 청신녀(淸信女)나
재가자(在家者)나 출가자(出家者)든 어느 누구를 막론(莫論)하고
모두
경법(經法)과 계법(戒法)을 일심(一心)으로 수지(受持)하고
즐거운 마음으로 신선(神仙)되기를 발원(發願)할 것이며

讀求諸妙義

밤낮으로 송독(誦讀)하며
제법(諸法)의 묘의(妙義)를 간구(懇求)하도록 하라

謂無爲至理也
위 무 위 지 리 야

이 말씀은
무위(無爲)로 행(行)하여야 할
지극(至極)한 이치(理致)를 설명(說明)하신 것이다

去諸誼雜調心制性
거 제 훤 잡 조 심 제 성

온갖 시끄럽고 난잡(亂雜)한 것을 물리치고
마음을 고르게 하고 성질(性質)을 억제(抑制)하라.

謂即世學也夫上士學道在市朝下士遠處山林山林者謂
위 즉 세 학 야 부 상 사 학 도 재 시 조 하 사 원 처 산 림 산 림 자 위

여기에서는 세상(世上) 학문(學問)을 말하는 것이다.
소위(所謂)
상사(上士)들이
도(道)를 배울 때는 시장(市場)이나 조정(朝廷)에서 배우고
하사(下士)들이
도(道)를 배울 때는 멀리 산(山)속이나 산림(山林)으로 들어가게 된다.
그런데 오히려

산림(山林)이라고 하는 곳은

垢穢尙多未能卽誼爲靜故遠避人世以自調伏耳若卽世

때가 묻어 더러운 곳이 더 많다.
시끄럽고 복잡(複雜)한 곳을 정실(靜室)로 삼고
사람을 피(避)하거나 하지 말고
세상(世上)에 살면서 스스로를 조복(調伏)하도록 해야 할 것이다.
만약(萬若)에

而調伏者則無待於山林者也

세상(世上)에서 조복(調伏)하는 자(者)라면
구태여
멀리 산림(山林)까지 갈 필요(必要)가 없을 것이다.

柔顔善氣勸諸男女

부드러운 얼굴과 화기(和氣)가 어리는 착한 태도(態度)로
모든 남녀(男女)들에게 권면(勸勉)하라.

心麤則貌强意獷則言惡若和顏軟語則見者親愛不生忿
심 추 칙 모 강 의 광 칙 언 악 약 화 안 연 어 칙 견 자 친 애 불 생 분

마음이 버릇없으면 태도가 뻣뻣하게 나타나고
생각이 거칠면 나쁜 말이 튀어나오게 된다.
만약(萬若)에
온화(溫和)한 얼굴과 부드러운 말을 한다면
보는 사람마다 친근(親近)한 정(情)을 느끼게 되고

心也
심 야

나를 대(對)하는 사람들이
아무 이유(理由) 없이
분노(忿怒)하거나 하는 마음이 생기지 않을 것이다.

遠離五惡受持五戒供養三寶
원 리 오 악 수 지 오 계 공 양 삼 보

오악(五惡)을 멀리 하고
오계(五戒)를 수지(受持)하고
지극(至極)한 마음으로 삼보(三寶)를 공양(供養)하라.

既知至妙之理又能分別善惡則以我所得爲敷說勸令捨
기지지묘지리우능분별선악척이아소득위부설권령사

이제 지극(至極)히 오묘(奧妙)한 이치(理致)를 알았고 선(善)과 악(惡)이 무엇인가를 분간(分揀)할 줄 알게 되었으므로 내가 얻은 바를 가지고 충분(充分)히 설명(說明)까지 하여 권면(勸勉)해 준다면

離諸惡緣也
리제악연야

얽힌 사람들이

모든 악연(惡緣)을 떼어내 버릴 것이다.

取令成就不擇甘苦
취령성취불택감고

발원(發願)하는 바 갈망(渴望)을 성취(成就)하기 위(爲)해서는 달거나 쓰거나 하는 것을 가려내서는 안 된다.

識有利鈍性有善惡曲已順彼取令入道不爲身利不辭屈
식 유리둔성유선악곡이순피취령입도불위신리불사굴

사람들에게 있는
의식(意識)에는 날카로운 것과 무딘 것이 있고
성질(性質)에는 선(善)한 것과 악(惡)한 것이 있는데
이미
순리(順理)를 따르기로 하고 몸을 굽히고
도문(道門)에 들어왔으므로
자신(自身)의 사리사욕(私利私慾)을 추구(追求)하지도 말고

辱此爲敎也
욕차위교야

어떠한 굴욕(屈辱)도 마다하지 말라 하는 것이
바로
이 가르침인 것이다.

若具持大戒苦行精勤布施忍辱捨身救物
약구지대계고행정근포시인욕사신구물

만약(萬若)
대계(大戒)를 수지(受持)한다면

二一〇

謂修行者也大戒爲百八十太淸等戒若四明科禁衆仙大

이 말은 수행자(修行者)에게 하는 말이다.
대계(大戒)란
백팔십태청계(百八十太淸戒) 등(等)을 말하는데
사명과(四明科)와 같은 것은
모든 선인(仙人)들이 크게 꺼리는 것으로서

忌皆是學眞之具法也精進勲謂匪懈布施凡來求無不給

여기에는
어떻게 하면 진상(眞常)을 확실(確實)하게 터득할 수 있는지

고행(苦行)과
정근(精勲)과
포시(布施)와
인욕(忍辱)과
사신(捨身)과
구물(救物)을 모두 갖추어야 할 것이다.

與不吝財賄不問有無忍辱謂受辱不言乃至打罵亦無嗔
여불린재회불문유무인욕위수욕불언내지타매역무진

고행(苦行)과 정진(精進) 등(等)의 구체적(具體的)인 방법(方法)이 서술(敍述)되어 있다.

근(懃)이란 결코 놓치거나 해태(懈怠)하지 않는 것이다.

포시(布施)란 구(求)하러 오는 자(者)마다 쥐고 있던 손을 풀어 나누어 주지 않음이 없고

재물(財物)에 조금도 인색(吝嗇)하지 않고 베풀어주기만 할 뿐 있는가 또는 없는가 반문(反問)하거나 묻지도 않는다.

인욕(忍辱)이란 치욕(恥辱)을 당하고도 아무 말도 않는 것이고 심지어(甚至於)는 때리거나 욕설(辱說)을 퍼부어도 노여워하거나 원망(怨望)하지도 않는 것이다.

恨捨謂見諸危難決往救不顧身命若見凍餓剔身給與不
한사위견제위난결왕구불고신명약견동아척신급여불

버린다고 하는 사(捨)는
어떠한 상황(狀況)이든 위난(危難)에 처(處)한 사람을 보면
신명(身命)을 돌보지 않고 재빠르게 달려가서 구(救)해 주는 것이다.
만약(萬若)에
추위에 시달리고 배고픔에 지친 자(者)를 보면
자기 살을 발라내는 듯 안타까운 마음으로 도와주고

待有求是爲捨也
대유구시위사야

손을 벌리며 도와 달라고 하기 전(前)에
내가 먼저 버리는 것을 사(捨)라고 한다.

若復離世獨往幽栖專想至寂衆難不驚
약복리세독왕유서전상지적중난불경

만약(萬若)에
세속(世俗)을 떠나
홀로 외딴 곳에서
명상(瞑想)에 전념(專念)하며 적멸(寂滅)에 사무치고자 할 때에는

세간(世間)의 어떠한 소란(騷亂)에도 놀라거나 들은 척도 해서는 안 된다.

謂耽神者也離世山栖以避諠濁獨往無羣無復他念專謂

이 말은
정신(精神)을 지키는 데에만 몰입(沒入)해 들어가라는 말이다.
홀로 수행(修行)하기 위(爲)하여 세속(世俗)을 떠나 시끄러운 것을 피(避)하여 일단(一旦) 깊은 산(山) 속으로 도망(逃亡)쳤다면 산(山) 속에서 무리를 이루려 하거나 세속(世俗)의 일에 다시 휩쓸리려 해서는 안 될 것이다.
전념(專念)한다고 하는 전(專)은 일편단심(一片丹心)과 같이 한결같은 지일(志一)을 일컫는 말이다.

志一想謂思神至之者也寂謂定也此專定心智定內安非

지일상위사신지지자야적위정심지정내안비
상(想)이란
존사전신(存思全神)을 일컫는 말로
온 정신(精神)을
생각이라는 사(思)의 구멍에 밀어 넣고 사무치는 것을 말한다.

必至無爲
필 지 무 위

반드시 무위(無爲)에 이르게 될 것이다.

적(寂)이란
안정(安定)되어 있어서 조금도 흔들림이 없는 것을 말한다.
이는
오직 한결 같아서
적정(寂定)에 들면 심사(心思)가 지혜(智慧)로와지고
적정(寂定)하므로 안으로는 편안(便安)한 기색(氣色)이 흘러 넘쳐

復外難榮辱所驚也
복 외 난 영 욕 소 경 야

밖이 아무리 소란(騷亂)하다거나
어떠한 영욕(榮辱)이 달려들며 괴롭히려 하여도
놀래거나
세속(世俗)과 함께 요동(搖動)치는 일은 조금도 없을 것이다.

言修此等行必果無爲之眞也
언 수 차 등 행 필 과 무 위 지 진 야

尹喜曰奉經有犯乎

윤희왈봉경유범호

윤희(尹喜)가
노군(老君)께 여쭈었다
경법(經法)을 받들다가 어기면 어찌 되나이까?

持戒善惡旣備於前夫知奉經凌犯罪失云何此緫問衆經

지계선악기비어전부지봉경릉범죄실운하차이문중경

지계(持戒)란
앞에서 말한 바와 같이
선악(善惡)을 구별(區別)하고
악(惡)에 대처(對處)하기 위해서 마련된 것이다.
그런데
노군(老君)께 윤희(尹喜)가 물은 것은

이 말은
이렇게 수행(修行)하여 나가는 사람은
결과(結果)를 말하건대
반드시
무위(無爲)의 진상(眞常)을 성취(成就)하게 될 것이라는 말이다.

二一六

경법(經法)을 받들어야 한다는 것을 잘 알면서도 능멸(凌蔑)하거나 어기는 실책(失策)이 있을 때는 어찌하여야 하는가 하고 자문(諮問)한 것이다.

非止五千也前頌云悉歸太上經此後又明破法及授受之

모든 경(經)이
그냥
오천자(五千字)에서 그치는 것이 아니라
전송(前頌)에서 말한 바와 같이
모두가 다 태상경(太上經)으로 돌아가는 것을 말한 것이다.
이 후(後)에 말한 것은
계법(戒法)을 깨뜨린 것을 밝힌 것이고
아울러
계법(戒法)을 수수(授受)하는 인연(因緣)을 만나기가

難推此故知也斯乃尹喜相資發故令出罪福之事耳

얼마나 어려운 일인지를 이로 미루어 보면 알 수 있을 것이다.
이것은 윤희(尹喜)가

老子曰十有三者也
노 자 왈 십 유 삼 자 야

노자(老子)님께서 말씀하셨다.
열세 가지가 있나니라.

도덕경(道德經)과 계법(戒法)이
서로 자량(資糧)이 되고 보완(補完)이 됨을 드러내고
죄(罪)와 복(福)의 일이
이곳에서 나온다는 것을 널리 알리고자 한 것이다.

經云生之徒十有三死之徒十有三言奉經順法則獲長生
경 운 생 지 도 십 유 삼 사 지 도 십 유 삼 언 봉 경 순 법 칙 획 장 생

경(經)에 이르기를
생(生)의 무리가 열(十)이라면 셋(三)은 사(死)의 무리들이다.
십(十)과 삼(三)이라는 숫자를 들어서 말하는 것은
경(經)을 받들어 봉행(奉行)하면서
계법(戒法)에 순종(順從)하면 곧 장생(長生)을 얻게 되고

違戒犯惡則動之死地旣答所問罪失故直云十三也

계법(戒法)을 위배(違背)하고 악(惡)을 범(犯)하면 사지(死地)로 굴러들어가는 것을 표현(表現)한 것이다. 죄(罪)를 짓고 실책(失策)이 있게 되면 어떻게 되느냐 물었으므로 이에 대(對)하여 노자(老子)님께서 곧바로 십삼(十三)이라고 말씀하신 것이다.

尹喜曰何謂也

윤희(尹喜)가 여쭈었다. 무엇을 이르시는 말씀인지요?

問十三之事也

이 말은 십삼사(十三事)에 대(對)하여 무슨 말씀인가고 여쭌 말이다.

老子曰爾諦聽之
노자왈이체청지

노자(老子)님이 말씀하셨다.
그대는
상세(詳細)히 경청(傾聽)하도록 하라.

旣更有所明故復戒
기경유소명고복계

이미 했었던 말이지만
다시 하는 것이 되므로
되짚어 다시 말하는 이 계법(戒法)을
밝게 알아야 한다고 강조한 말씀이다.

十有三者六塵六識皆由於心
십유삼자육진육식개유어심

십(十)에다 삼(三)이라고 하는 것은
육진(六塵)과 육식(六識)인데
이는 모두 마음을 꼬투리로 삼아 일어난다.

六塵謂六入也以其所入能穢染正性故言塵也六識卽六入之根能起分別故云識也心爲其主是爲十三下卷具解

육진(六塵)은 육입(六入)을 가리킨다.
이것은
더러운 것이 들어와서는
능(能)히 정성(正性)을 염색(染色)시키므로
티끌이라고 말하는 것이다.

육식(六識)이란

육입(六入)이 들어와서는 뿌리를 내리고
능(能)히 분별(分別)을 일으키면
이를
식(識)이라고 말하는 것이다.

마음이라고 하는 것은
그 모든 것의 주재(主宰)가 되므로
이를 합(合)하여 십삼(十三)이라고 하게 된 것인데

이는 하권(下卷)에서 구체적(具體的)으로 해석(解釋)하였다.

凡致惡之由因十三起入善之由因十三滅入善爲生爲惡
범치악지유인십삼기입선지유인십삼멸입선위생위악

무릇
악(惡)으로 치닫게 되는 것은
이 열세 가지가 아무 때나 두서(頭緖) 없이 치받고 일어나기 때문인데
좋은 인연(因緣) 속으로 파문혀 들어갈려 하면
이 열세 가지가 소멸(消滅)되어야 한다.
좋은 인연(因緣) 속으로 들어가면 사는 것이고
악(惡)의 늪에 빠져들면 죽게 되는 것이다.

而死死生之謂非止此身也謂修善不已以至成道成道之
이사사생지위비지차신야위수선불이이지성도성도지

죽고 사는 것은 사생(死生)의 일은
이 몸이 죽는 것으로 그냥 끝나버리는 것이 아니다.
수선(修善)하기를 끊임없이 그치지 아니하면
끝내는 성도(成道)에 이르게 될 것인데

日豈得非生故經云出也爲惡不息遂淪地獄豈非死乎故

성도(成道)를 이루는 날
어찌 생(生)이 아닌 다른 것을 얻으랴?
그러기에 경(經)에서 이르기를
출세(出世)하여 벗어났다라고 말하는 것이다.

악행(惡行)하기를 그치지 아니하면
지옥(地獄) 속으로 침몰(沈沒)해 들어가게 될 텐데
그것이 죽음이 아니고 무엇인가?

經云入也

그러기에 경(經)에서 들어갔다고 말하는 것이다

是故婬貪疾恚

이러한 연고(緣故)로
음욕(婬慾)에서
간탐(慳貪)이 일어나고

질시(疾視)가 생기게 되고 진에(嗔恚)가 터져 나오게 되는 것이다

婬之所起由於色取故在十三之端夫淫必有貪而貪者不必皆婬然貪之爲疾非但在於富貴乃至貪名貪世不欲人

음욕(婬慾)이 일어나는 것은
색(色)을 취(取)하려고 하는 것이 이유(理由)가 된 것인데
이는
열세 가지의 발단(發端)이 된다.
대저(大抵)
음욕(婬慾)이란
반드시 탐욕(貪慾)과 함께 발화(發火)한다.
탐(貪)이라는 것이
꼭 음행(婬行)만 꼬집어 일으키는 것이 아니라
탐(貪)은 질병(疾病)이어서
비단(非但)
부귀(富貴)에서뿐만 아니라

명예(名譽)에 탐착(貪着)하게 하고
세상(世上)을 끊임없이 탐련(耽戀)하여 빠지게 만든다.
욕(欲)이란
남에게 있는 것이 아니라

在己先疾者妬嫉也嫉彼而勝我也恚謂嗔恚也貪嫉旣起
재기선질자투질야질피이승아야에위진에야탐질기기

나에게서 먼저 있게 된 것이다.
질(疾)이란
투정(妬情)이며 질시(嫉視)이다
질(嫉)이란
저 사람보다 내가 낫다고 하는 아상(我相)이다.
에(恚)란
성질(性質)을 낸다 하는 진에(嗔恚)이다.

嗔恚自生者也
진에자생자야

탐질(貪嫉)이 이미 일어났다면
진에(嗔恚)는 이미 자기(自己)에게서 스스로 생긴 것이다.

欺盜妄詐
기도망사

사기(詐欺)치게 되고
투도(偸盜)하게 되며
망령(妄靈) 떨게 되며
거짓말만 하게 되는 것이다.

違戒取物是爲欺盜謂欺心者也自詭要時是爲妄詐是用

계법(戒法)을 어기고 물건(物件)을 취(取)하는 것을 기(欺)라고 한다.
도둑질한다는 도(盜)란 자신(自身)의 양심(良心)을 속이는 기심(欺心)을 말한다.
때에 맞춰 궤변(詭辯)을 놓는 것을 망령(妄靈)을 떤다 하는 사칭(詐稱)한다는 사(詐)란 것이다.

權數苟得者也所謂民之賊矣

권력(權力)을 이용(利用)하여 아무것이나 닥치는 대로 손에 넣는 것이다.

綺言兩舌
기언량설

교묘(巧妙)한 말로 감언이설(甘言利說)을 하며
한 입에 혀 하나를 가지고 두 가지 말을 한다.

辭非而澤謂之綺言反覆是非是爲兩舌皆緣欺詐而有
사비이택위지기언반복시비시위량설개연기사이유

언사(言辭)가 번지르르하여
입에 발린 소리면 이것을 비단결 같은 말이라 하고
이랬다저랬다 이게 맞다 저게 맞다 하며
한 혀를 두 가지로 놀리는 것을 양설(兩舌)이라고 한다.
이 모든 것은
기만(欺瞞)과 사칭(詐稱)으로 해서 일어나는 일이다.

소위(所謂) 이러한 것을 민중(民衆)의 공적(公賊)이라 하는 것이다.

諂利持權

아첨(阿諂)하면서 이익(利益)을 챙기고 권세(權勢)를 지키려 한다.

口忌災崇明言禍福卑辭高物以要利入是爲諂也憑恃

입은 앙화(殃禍)가 일어나는 재숭(災崇—災導禍害)임을 두려워하며 말에 화(禍)와 복(福)이 있음을 밝게 알아야 한다. 비열(卑劣)한 언사(言辭)로 다른 사람에게 이익(利益)을 취(取)하려고 하는 것이 아첨(阿諂)이다. 권력(權力)을 등에 대고

威自我制物是爲權也夫諂之甚者乃至祈神祭鬼以求曲

위세(威勢)를 떨며 다른 사람을 억누르려 하는 것이 권세(權勢)이다. 대체로 보아 아첨(阿諂) 가운데서 가장 볼썽사나운 것은 신명(神明)에 기도(祈禱)하거나

귀신(鬼神)에게 제사(祭祀)를 올리면서

우야
祐也

잘못된 심뽀로 천우신조(天佑神助)의 요행(僥倖)을 바라는 것이다.

혼집파법
溷集破法

지저분하게 어울리며 계법(戒法)을 파괴(破壞)한다.

남녀무별위혼파법자위유차등사야시칙탐음종어혼집
男女無別爲溷破法者謂有此等事也始則貪婬終於混集

남녀(男女)가 무분별(無分別)하게 한데 섞여
난잡(亂雜)한 음행(淫行)을 하는 것을 혼집파법(溷集破法)이라고 한다.
처음에는 단순(單純)히 탐음(貪婬)으로 시작(始作)했다가
끝내는
집단(集團)으로 지저분하게 섞여
누가 누군지 상대(相對)를
분간(分揀)하지도 못하고 음행(婬行)을 하게 되는데
이러한 일이

並皆相因而至之也
병개상인이지지야
이는 모두가
탐음(貪婬)이 원인(原因)이 되어
서로가
이 지경(地境)에까지 이르게 되는 것이다.

非淸信也
비청신야
이는 청신남녀(淸信男女)가 아니다.

如此皆之死地尙非淸信況復奉經者乎
여차개지사지상비청신황복봉경자호
이와 같은 무리들은 모두 죽음의 사자(死者)들이다.
죽음에 떨어진들
또한
청신남녀(淸信男女)가 아닌데
황차(況且)
어떻게 다시
경(經)을 받드는 자(者)가 되며

天網不失
천망불실

하늘 그물인 천망(天網)은
하나라도 유실(遺失)시키는 법(法)이 없다.

引經明事也 夫天網雖疏報對之理必無遺失也
인경명사야 부천망수소보대지리필무유실야

경(經)에 있는 아주 분명(分明)하신 말씀이다.
대저(大抵)
천망(天網)이 비록 엉성한 듯하지만
인과응보(因果應報)에 대(對)한 이치(理致)는 확실(確實)하여서
어느 것 하나라도 유실(遺失)되는 것이 없다는 것이다.

生死無地
생사무지

살아서나 죽어서나 디딜 땅이 없을 것이다.

계법(戒法)을 수호(守護)하는
청신(淸信)의 대열(隊列)에 합류(合流)할 수 있겠는가?

生謂見報死謂考對無地可逃也答所問十三畢此以下乃
_{생위견보사위고대무지가도야답소문십삼필차이하내}

살아서는 다양(多樣)한 죽음의 응보(應報)를 만나게 되고 죽어서는 규찰(糾察)의 대상(對象)이 되어 설 땅이 없을 것인데 어디에 땅이 있어 어디로 도망(逃亡)을 친다는 말인가? 지금까지 대답(對答)한 것은 열세 가지에 관(關)하여 물은 바를 여기까지 해서 마친 것이다.

明罪報也
_{명죄보야}

이하(以下)에서 거론(擧論)하는 것은 죄(罪)에 대(對)한 응보(應報)를 밝힌 것이다.

如此等人非其智分
_{여차등인비기지분}

이와 같은 것은 지혜(智慧)로운 사람이 아니면 분간(分揀)하여 가려낼 수가 없다.

由無智識起諸罪業故於法無分也

무지(無智)에서 식(識)이 일어났다.
그리고
식(識)이 모든 죄(罪)를 생산(生産)해 냈으므로
모든 죄업(罪業)을 지혜(智慧) 없이는
법(法)만으로는 가려낼 수 없다한 것이다.

染汚至法毀廢善根

웅덩이까지 오염(汚染)되고 계법(戒法)이 훼손(毀損)되면
선근(善根)일지라도
어쩔 도리(道理)없이 폐기(廢棄)해야 할 것이다.

法法相傳如樹有栽生長不絕是爲善根如此惡行日相深

법(法)은 서로서로 상전(相傳)하는 것으로
이는
나무처럼 심으면 계속 자라나는 것과 같은 것인데

漬善根豈得不廢
지선근기득불폐

죄업(罪業)에 선근(善根)이 잠겨버린다면
어찌 폐기(廢棄)하지 아니할 수 있겠는가?

不爲善人之所知識
불위선인지소지식

선행(善行)을 행(行)해 본 일이 없는 사람들이
자기는 선지식(善知識)이라고도 한다.

所行旣惡則惡惡相知愚下之類自多黨善人謂才識高明
소행기악칙악악상지우하지류자다당선인위재식고명

행(行)했다고 하는 것은 이미 악행(惡行)을 했다는 것이다.

이것이 중간(中間)에서 끊어진다면
이를 어찌 선근(善根)이라 할 수 있겠는가?

이와 같이
악행(惡行)이 날로 더 해로 더 깊어지고

德勝者也
덕 승 자 야

뛰어난 덕(德)을 갖춘 덕자(德者)라고 한다.

備眾生身
비 중 생 신

자기(自己) 자신(自身)이 예비(豫備)한 바대로
거기에 따라 그러한 중생(眾生)의 몸을 받게 되는 것이다.

皆由前緣無有慧業故令今生得此愚癡夫言愚癡者謂造
개 유 전 연 무 유 혜 업 고 령 금 생 득 차 우 치 부 언 우 치 자 위 조

이러한 것은 모두
전생(前生)에 혜업(慧業)과 맺은 인연(因緣)이 없기 때문에
지금 이 생(生)에 이렇게 우치(愚癡)한 몸을 받게 된 것이다.
무릇

악(惡)을 행(行)하였으므로
악(惡)이 악(惡)을 불러들여 악(惡)이 쌓인 줄 뻔히 잘 알면서도
어리석은 무리들에게 자기는 대단한 선인(善人)이며
재인(才人)이며 식견(識見)이 풍부(豐富)하고 고명(高明)한

우치(愚癡)라는 말은
온갖 가지가지 악업(惡業)을 지었다는 것을 이르는 것이다.

諸惡業也非謂無所解矣生既無善死墮三塗受衆生身衆
제악업야비위무소해의생기무선사타삼도수중생신중

이는 도리(道理)에 맞지 않아 어떻게 할 방법(方法)도 없다.
살아생전(生前)에 쌓아 놓은 선업(善業)도 없어
죽어서 삼도(三塗)의 중생(衆生) 몸을 받게 되는데

生萬等各隨緣報而備得其身者
생만등각수연보이비득기신자

삼도(三塗) 중생(衆生)들에게 온갖 차등(差等)이 있어서
자기가 지은 인연(因緣)에 따라 인과응보(因果應報)를 받는다.
이것이 바로 자기가 준비(準備)한 대로 그 몸을 받는 것이다.

種於婬慾無所憎避
종어음욕무소증피

음욕(婬慾)의 씨를 뿌려 태어나면
창피한 줄도 모르고 피(避)할 줄도 모른다.

二三六

衆生所以繁多由其種類婬慾故也謂因法行婬而受此報

중생소이번다유기종류음욕고야위인법행음이수차보

중생(衆生)들이
온갖 가지가지 형태(形態)의 외모(外貌)를 가지고 태어나는 것은
음욕(婬慾)의 행태(行態)에 따라 그 수많은 종류(種類)가 생기는 것인데
이는
행음(行婬)을
저지른 여러 가지 정도(程度)에 의해 받게 되는 과보(果報)이다.

猶雞犬等在於人中無所避就得類便爲亦無憎愛皆由前

유계견등재어인중무소피취득류편위역무증애개유전

마치
닭이나 개처럼
사람이 있으나 피(避)할 줄도 모르고
닭이나 개가 서로 자기들끼리 어울리며
아무 때나
암수가 붙어 교접(交接)하면서도
창피한지도 모르고 혐오(嫌惡)하지 않는 것은

業之所行者也
업지소행자야

이것은 모두가
전생(前生)에 지은
업장(業障)에 따라 일어나는 행동(行動)인 것이다.

常懷怖畏
상회포외

항상(恒常) 두려워하고 무서워하라.

因往貪取之報也餓鬼之中復有萬品雖云是餓有時得足
인왕탐취지보야아귀지중복유만품수운시아유시득족

무엇인가 겁내며 벌벌 떠는 것은
전생(前生)에
탐욕(貪慾)을 부리며 갈취(喝取)한 것에 대(對)한 응보(應報)이다.
더러는
아귀(餓鬼) 가운데 만품(萬品)을 소유(所有)하고 있는 자(者)가 있지만
이 아귀(餓鬼)는
배고파 굶주리면서도 먹을 줄도 모르는 과보(果報)를 받기 때문에
그저

此言無足者便是未嘗蹔飽也
차언무족자편시미상잠포야

이는
아귀(餓鬼)는
본시(本是) 만족(滿足)을 몰라 쌓아두고서도 먹지도 않아
일찍이 지금까지
단 한 번도 잠시라도 배가 불러본 적이 없었음을 이르는 것이다.

若在地獄五痛無間
약재지옥오통무간

만약(萬若)에
지옥(地獄)에 들어가게 되면
잠시(暫時)라도 쉴 틈이 없는 오통(五痛)의 고통(苦痛)을 받게 된다.

地獄受苦有時而息此言無間是時無休息也五痛猶五苦
지옥수고유시이식차언무간시시무휴식야오통유오고

지옥(地獄)에서 받는 고통(苦痛)도

시간(時間)이 정(定)해져 있고 쉴 수 있다고 하는데 여기에서 말하는 틈이 없는 시간(時間)이란 잠시(暫時)라도 휴식(休息)할 수 없음을 말하는 것이다. 오통(五痛)이란 오고(五苦)와 같은 말이다.

也明三塗報應如此
야명삼도보응여차

삼도(三塗)의 보응(報應)이 이와 같음을 분명(分明)하게 알아야 한다.

如此受身備諸苦惡
여차수신비제고악

이와 같이 수형(受刑)을 다 치르고 나서 세상(世上)에 태어나 육신(肉身)을 받아도 예비(豫備)된 또 다른 온갖 고통(苦痛)이 기다린다.

三塗報盡出生人中則形體不具備諸殘疾或瘡痒疥癩可
삼도보진출생인중칙형체불구비제잔질혹창양개라가

삼도(三塗)의 과보(果報)가 다 끝나고 다시 세상(世上)에 태어나면 다행(多幸)히 사람 몸을 받아도

몸이 다 갖추어지는 것이 아니라 불구자(不具者)가 되기도 하고 폐질잔환자(廢疾殘患者)나

혹(或)은

잘 낫지 않는

종기나 부스럼 가려움 옴 버짐 문둥병과 같은 악질(惡疾)에 걸려

惡之極者也
악지극자야

그 받는 고통(苦痛)이 실(實)로 참담(慘憺)하다 할 것이다.

物所懷惡
물소회악

동물(動物)들도

그러한 나쁜 고통(苦痛)에 서리고 휘말려 있는 것이다。

非但於人乃至畜生亦有憎惡
비단어인내지축생역유증악

비단(非但) 인간(人間)들뿐만 아니라

축생(畜生)에 이르기까지

無有救治
무 유 구 치

그러나 구(救)할 수 있거나 치료(治療)할 수도 없다.

疾旣可惡則人無治者此是穢慢洿法之報應也
질 기 가 악 칙 인 무 치 자 차 시 예 만 오 법 지 보 응 야

고질병(痼疾病)이란 참으로 악랄(惡辣)하다 할 만한 것으로 치료할 수 없다 하는 것은 그 사람이 전생(前生)에 계법(戒法)을 더럽히고 얕보며 무시(無視)한 행동(行動)에 대(對)한 보응(報應)이다.

生死輪轉無聞無見
생 사 륜 전 무 문 무 견

생사(生死)가 윤회(輪廻)하며 전변(轉變)하는 것은 들을 수도 없고 볼 수도 없다.

無聞謂不信法教無見謂不值善緣此總明十三破法之罪
무문위불신법교무견위불치선연차총명십삼파법지죄

귀로 들을 수 없다는 무문(無聞)은
법교(法敎)를 불신(不信)할 수 있다는 것을 이르는 것이고
눈으로 볼 수 없다는 무견(無見)은
좋은 인연(因緣)을 바로 눈앞에서 맞닥쳐도 못 본다는 말이다.
그러므로
십삼파법(十三破法)의 죄(罪)와

生死所之也
생사소지야

생사(生死)가 전변(轉變)하며
파랑개비처럼 돌고 도는
질곡(桎梏)의 도리(道理)를
하루 빨리 분명(分明)하게 알아야 할 것이다.

皆由一念中生至無數念其對無窮
개유일념중생지무수념기대무궁

그러므로
무문무견(無聞無見)에서 비롯되는 일념(一念)이

夫爲惡者始起
부위악자시기

무릇
모든 악(惡)은
무문무견(無聞無見)에서부터 비로소 일어나기 시작했다.

헤아릴 수 없이 수많은 무수(無數)한 념(念)으로 하여 수많은 념념(念念)이 이르는 곳마다 대치(對峙)가 일어나 끝날 날이 없는 것이다.

『무문무견(無聞無見)은 어찌하여 있게 된 것인가?
식(識)이 일어나
오계(五戒)가 무너지고
오욕(五慾)이 본성(本性)을 가리므로 일어난
맹아적(盲啞的) 농아적(聾兒的) 현상(現狀)이다.』

― 역자첨언(譯者添言) ―

太上老君戒經 原版初刊本
태상노군계경 원판초간본

重刊道藏輯要

太上老君戒經

戒上

老君西遊將之天竺

周幽王之末去周而西之於天竺天竺國名也事出玄妙內篇

以道德二經授關令尹喜受經畢又請持身奉經之法

授經之事具載記傳此略序請戒之端耳受經既竟理應宣通故重請奉經持身之法備在經文但文旨深微非始學便曉故別請其要以祈後語者也

老君於是復授喜要戒普令一切咸持度世
謂但持戒去惡自得度世然持戒者乃為奉經奉經者必在
求道今既聞奉持之法且舉戒而言也
於是說頌三章
頌者美其事也明持戒奉法並為道之因故先誦其宗致以
悟始學令知其指歸也初章明持戒所得身心福漸次章明
其法既普家國咸興天人同慶後章明自漸之深理窮於經
經理既窮乃至成真故有三章也
樂法以為妻
妻者栖也謂相依栖也陰陽肇氣人倫之道莫不由夫妻生

我者矣樂者謂並有待而相樂也一切眾生咸知樂妻若棲
心法教則無待匹偶而生理自足又明樂法能如樂妻則能

持身奉經也

愛經如珠玉

法語其所宗經指其所學愛者寶愛也世之所寶莫過珠玉
而世寶無益於心經法有求必得故令學人去彼而取此也

持戒制六情

六情者六欲也眼欲淫色耳欲淫聲鼻欲芬芳舌欲脂味身
欲柔滑意欲放泆如此六事皆成乎心故爲之情也並是三
塗惡業故制而去也若不檢制縱恣六情生爲世人所惡死

老君戒經

為鬼之所迫也

念道遣所欲

戒以防外念以攝內閃攝由念道念道則所欲外亡西昇經云道之微心子未能別攝取於要愼戒勿失先損諸欲莫令

意洗即此戒者也

淡泊正氣庭

人之所以躁競者由是六情之所使也若持戒念道則六情

澄靜神安氣正邪惑所不能擾庭者黃庭也

蕭然神靜默

蕭然無欲也靜默內定也

天魔並敬護

魔謂五帝大魔也領人生死在六天之上若持戒奉法終獲真仙則超於三界故並爲其敬護也魔有四種除三在人身中故曰天魔

世世受大福

謂持戒念道眾惡不生善因日建雖經生死今身後身常在福中及至成道故云大也

鬱鬱家國盛濟濟經道興

謂持戒之福命無夭傷見世昌盛子孫繁茂有家有國逮至十方莫不鬱然而盛者也

老君戒經

天人同其願

天謂天上仙也人謂世中人也言持戒奉法始在人中受報生天進業人中受報生天進業乃至上清是故天人同其願也

飄耴入大乘

大乘謂上清法也緣籠必至妙階漸自之深旣離世昇天之上故云飄耴飄耴猶勢飄然也飛騰之貌矣

因心立福田

福者善之果也爲福之因不由於他己心卽福田也若修身奉法眾惡自除猶如治田去其草穢草穢旣盡自獲良穀者

也

靡靡法輪升

靡靡猶漸漸也福旣積則法輪漸升之也

七祖生天堂

身獲道眞七祖蒙慶

我身白日騰

持戒志道功成德就之所至也

大道洞玄虛

一切詔法皆稱爲道乃有百官及萬八千種並是六天及三界之道大道者无形无象洞玄虛道無不在理無不應故曰

大也

有念無不敢啟謂感也此明持戒念道有心即感念念不止以至成道莫

非念力

練質入仙真欲多則神濁氣清則質練練質成真莫不由戒

遂成金剛體

言其表裏堅真无復朽敗者也

超度三界難

欲界色界無色界此三界生死輪轉無休恆與三塗對治故

云難也自非成眞莫能超者也

地獄五苦解

五苦是地獄中寒池火車鑊湯刀山劍樹也解脫旣超三界無復苦緣也亦謂五道爲五苦者也

悉歸太上經

上清法也衆法所竊故曰太上經也

靜念稽首禮

誦說旣竟法緣略顯今將說戒故令靜念稽首而受也

於是尹喜聞說頌已稽首而立請受戒言

老君曰第一戒殺第二戒盜第三戒婬第四戒妄語第五戒酒

是為五戒若清信男清信女

若有男女發心受戒便得清信之號

奉持五戒畢命不犯

謂持戒至於命終而不能犯也

是為清信男清信女

向發心即號清信若中途虧缺則清信心廢唯盡命不犯來

生又受福果則全清信之理故重云爾

老君曰戒殺者一切眾生含氣以上蚑飛蠕動之類皆不得殺

蠕動之類無不樂生自蚊蟻蜻蛉咸知避死也

老君曰戒盜者一錢以上有主無主非己之物皆不妄取

在地地官在水水官在人人主如是則無無主之物此言無

主者謂當時無誌護也

老君曰戒婬者非夫婦若出家人不妻不娶若男若女皆不得犯

夫妻雖非犯戒過亦為婬犯

老君曰戒妄語者若不聞不見非心所了而向人說皆為妄語所說事與心相違也復有綺言詔曲反覆兩舌在後戒也

老君曰戒酒者非身病非法禮皆不得飲

身病謂己身疾必應以酒也法禮者明非世俗饌會及鬼神之胙若尊卑之禮真靈之饗則不至於失之者也

老君曰是五戒者持身之本持法之根
身本無惡緣惡持戒心淨身清可以奉法故曰法根者也
善男子善女人
前章云清信者明受戒改惡乃得此號此言善者謂生而善也是禀業所得非持戒而起
願樂善法
一切法也緣有宿善故能願樂
受持終身不犯不毀
犯為虧缺不全首尾毀為毀慢生不信心
是為清信得經得法永成道眞

夫持經者不必能修行能修行者乃爲得法耳得法則得道

故云永成永謂邉者也

於是尹喜聞受既已

已謂已畢也聞說戒言而親受之非如五千是老子自出

再拜而問何故有五

喜人之爲惡其事萬萬方皆應防戒今何故止說有五也

老君曰五者攝一切惡

言一切衆惡皆起此五若持此五戒則衆惡悉絕也

猶天有五精以攝萬靈

五精星也靈謂神靈

地有五行以攝羣生

金木水火土也羣生所稟莫不資之

人有五藏以攝神明

人所以有神明之識者由於五藏也六情五欲各有所生故

以五戒對而治之明此五戒自天至人三才之本非始有也

戒者防也防其失也

未失則防而不爲既失則戒而不犯皆是防其義者也

失而不防則三塗盈逸天人虛空

不防其失則縱惡日多惡緣報對則充滿三塗三塗既盛則

鬼道橫逸夫一切眾生皆有定數三塗既滿則天堂虛空生

人咸少也

是故五也

明五戒根本所由如此也

尹喜曰大夫戒也何故失耶

既聞斯旨方歎其大言有此戒其來久矣云何眾生猶有此失

老君曰本得無失既失而得亦無所失

本得無失謂前身過去已得此戒故於今身而無失也而今身有失者前身無戒或有違犯故有失耳雖爲有失而於今身得受持者則見生無失後身復善故既失而得亦無所失

前頌云世世受夫福也此義也尹喜所問一失而併舉三失

答之是對其後問頓顯前身此生後身也明人稟道本自無

失義見經中也

尹喜曰敢問其本

得失既顯事理須明故却問其本以求其末也

老君曰今當爲爾具說其本

順其所問而言其所以故云具

諦聽諦聽受持普爲一切之所知也

諦聽戒其闕失諦受使無漏妄然後可令一切咸得知聞

尹喜再拜恭立而聽

恭立者即今長跪也

老君曰五戒者天地並始萬物並有

舉其本也夫有天地則有萬物有萬物則有得失有得失則

有法戒之者也

持之者吉失之者凶

善果為吉惡對為凶吉凶之事悉備後章

過去成道莫不由之

言凡得道者莫不緣於戒者也

故其神二十五也

五五之數也內經有二十五神是人身之靈上應天真而鎮

在人身持戒身清則其神常安

經文五千是其義也

謂失之事備在五千而後此戒者特應尹喜所請耳

老君曰五戒者在天為五緯

東曰歲星西曰太白星南曰熒惑星北曰辰星中央曰鎮星也

天道失戒則見災祥

五星各位一方行度氣色並各有常若天運失和陰陽愆戾皆非其分度而見妖徵故經云天無以清將恐裂裂謂王者失德陰陽圯裂五緯返常也

在地為五嶽

東曰泰山南曰衡山西曰華山北曰恒山中央曰嵩高山也

地道失戒則百穀不成

五嶽各鎮其方風雲水雨之所由也若地道失戒則疾風涌水曠旱之災百穀不實也一切草木皆謂之穀經言地無以

甯將恐發謂山崩川竭萬物災傷皆由王者咎先見兆於天次降災於地也

在數為五行

東方木九南方火三西方金七北方水五中央土十二雖中央而位在四季

五數失戒則水火相薄金木相傷

五數推移四時以成若其有失則災癘刀兵西昇經曰五行

不相尅萬物盡可全也

在治爲五帝

東方太皥木南方炎帝火西方少皥金北方顓頊水中央黃

帝土也

五帝失戒則祚夭身亡

五帝爲帝王更治五行相生隨方受任若失戒暴虐則國祚

不長身不獲壽也

在人爲五藏

肝屬木心屬火肺屬金腎屬水脾屬土也

五藏失戒則性發狂

所行過惡則五藏失神五藏失神則令人性狂狂謂僻也尋

五戒以防五惡為惡各有所生但一惡便使性狂不待五也

今言五者總其數耳經云馳騁田獵令人心發狂心為五藏之主故舉其一也故後章云失一則命不成又尋戒旨自天及人皆云失戒而致災祥者明為患之起自由人是以帝王有慶兆民賴之如有不善則天下受殃故知三才等治得失必同又自天至人雖有五條為失之本在人而已故次章云戒於此者而順於彼也

老君曰是五者戒於此而順於彼
謂上來五事悉在於人故云戒於此也順於彼者理也夫患
之所生由於違理若順理而行復何戒乎明爲戒於過耳若
過而不戒禍患之興豈可禳也
故殺戒者東方也受生之氣倚於長養而人犯殺則肝受其害
氣數相感自內於外肝主長養故一切咸知慕生懷殺之性
則逆氣衝肝肝氣凶壯還自災身故云害也
盜戒者北方也太陰之精主於閉藏而人爲盜則腎受其殃
腎爲太陰陰主閉藏故一切咸知收斂而人爲盜則腎氣爲
傷故云殃也殃者積惡之應者也

姪戒者西方也少陰之質男女貞固而人好姪則肺受其沴肺為少陰金性堅貞故男正女潔而人好姪則肺氣枯竭故云沴沴惡氣也旱炎曰沴也

酒戒者南方火也太陽之氣物以之成而人好酒則心受其毒心為一身之主以成乎人是太陽之氣也好酒之人則毒衝於心藏府荒廢以致迷喪者也

妄語戒者中央土德信而人妄語則脾受其辱脾屬土土信而有恆故言德也人之稟性以信為本而人妄語則辱歸於己脾總人身為義也

五德相資不可虧缺

虧謂廢也缺謂傷也言人受生必備此五德五德無虧則終
享福吉故云不可虧缺者也

老君曰此五失一則命不成

向辯人身各有所生此名毀犯虧缺之咎故云命不
成者謂不全其性分及天年也元命包曰行正不過得壽命

壽命正命

是故不殺者乃至無有殺心

夫殺心之起於不戒遂至增甚今言乃至無有殺心者自
微自防也自有雖不手殺或因人行殺或勸人行殺或看人
行殺或使人行殺而心不為惡皆同於殺也所以然者皆由

有殺心若其不戒終不能成就者也

不盜乃至無有邪取

謂貪盜之人始於小竊小竊不戒遂至大取或因公利私或憑法招物或依恃勢力封山畋澤或誘說癡愚以役其力如此而得皆非正理同於盜故云乃至無有邪取明非正偷盜也貪婪皆是者也

不婬乃至無有邪念

婬者皆由放恣或男或女情慾不一尋五戒之重莫過於婬亡身喪家故不復論又有不畏罪網因法媾慾外託奉道內實婬濁如斯之徒實為巨惡故云乃至無有邪念自非夫妻

而行婬者皆爲邪也

不酒乃至無有勢力

夫酒致過或因尊上之所勸逼遂至亂失今以戒自持雖有勢力亦不違犯酒之傷人如火不救逾多逾盛不極而不止者也

不妄語乃至無有漏泄

眞實之心則無私惡無私惡故無有隱諱無隱諱復何漏泄也

如是可謂成也

前云失一則命不成是理未曲備今旣重說其義粗顯故云

老君曰戒中婬酒能生五惡

婬則奢奢則貪貪則盜盜則欺欺則懼懼則殺此並婬之所

能至也酒能發狂又能婬太清經云人身有三萬六千蟲皆

在五藏皮膚之中歙酒則諸蟲疹動疹動則眾惡興眾惡興

則無所不爲故云能生五惡也

戒者戒惡也惡世之中男女謹婬罪於骨肉

謹謂雜也罪謂犯也言婬慾之心人乃至不避姓族因法混

雜無復分別者也

上慢下暴毀蔑天德

上慢天靈為蔑下相殘害為暴之者也

沈酗爭訟禍命辱身

沈猶耽也狂酒日酗對鬭為爭訴理為訟害命為禍陷身為辱也

妄詐欺誑罔有所由

妄謂妄語詐謂詐偽欺謂妄詐之人要求財利不顧在此三者也

六親相盜非但於他

夫婦父子兄弟六親也言為盜者非但於他乃至子盜於父婦盜於夫兄弟相盜無所不為

殺害眾生利養身口

殺生治病為養身宰害供廚為利口也

如此等輩見生受業永墜諸苦

生不受戒唯惡是行惡業增長則淪三塗

備加五惡無有休限

其有五惡者則入地獄備五苦之報無有休息及年限也經

云三塗受報近者一劫

如有出者

言其受對或有輕重如有得竟還生人中者也

當在邊夷短命傷殘

邊夷狸獠也其人相食此謂殺害之報受生此地若生中國則短命及形體不具

夫婦醜惡及不貞廉

婬報也醜謂可憎惡謂弊惡不貞為婬不廉為貪也

貧窮凍露在處不安如有財畜為人所奪

盜報也凍露謂居無屋宅不安謂饑寒不立縱有財物則被劫奪以償先債也

言說不信人所不親

妄語報也其所言說是之與非人皆不信既無信義寧得親友也

意慮閉塞眾所慢輕

酒報也生既昏濁死無神明此之受身豈得清靜故人所輕
慢

老君曰清信男清信女奉持戒行見世安樂無有憂惱
奉戒持行所志者道眾惡既消長與善會復何憂惱哉夫憂
惱者由於惡行故與惡相牽耳豈有不為而至者邪

眾所恭敬
奉戒持行所志者道眾惡既消長與善會復何憂惱哉夫憂
不婬則為眾所敬也

見者懽喜

無復殺心故一切見之莫不懽喜者也

常蒙利養

不盜也既無邪取則人樂給與也

不妄語也所言必實誰不歸仰

一切歸仰

其智深微

不飲酒也則思慮安靜入於深微

處在清靜四大完堅

既受此五報行止所在人所敬愛常清靜不雜凡穢四體也

外思不加則內府無傷表裏堅密萬病不生也

故能修集眾法以成道真

前明無戒惡緣果報此明奉法見世受福乃至成道莫不由之又明為道必修集眾善乃得成真故以法明道以真明人

香也

尹喜再拜曰敢問受持之法

受當為授戒法既備次問授持之儀也更起諮問故再拜而

請

老君曰若男子女人者總謂始發心也法謂戒法也三寶亦曰三尊亦曰三師謂太上之法太上之法傳太上之法是為三也故太上為萬法之主傳法者為眾學之師老君即此法之

老君曰男子女人聞法生信歸身三寶

此直曰男子女人者總謂始發心也法謂戒法也三寶亦曰三尊亦曰三師謂太上之法太上之法傳太上之法是為三也故太上為萬法之主傳法者為眾學之師老君即此法之

師餘法各隨所出

即時稽顙

言有欲發心者即時授與不待依違辯其由來所以者何戒本去惡但令有心何論往行且人心多惑自有善機暫起迴復退悔故承機而獎不待終日也

歸身大道歸神大道歸命大道

此三歸者謂身有善惡神有恐怖命有壽夭蓋一切眾生之必有也今以此三悉歸於道者謂受行法戒一則生死常善不墮惡緣二則神明強正不畏邪魔三則現世壽長不遭橫夭歸雖有三其實一也何言歸身三寶是法此言大道是常

即前頌云玄虛之道

男子女人

稱姓名以告誓

捨世邪法

捨猶離凡世間所爲悉是邪法

奉持正戒

如手持物恆畏遺失

盡身盡命終不毀犯

身語其行命言其識故盡犯二邊而不毀慢及虧犯也

於是讚誦恭心而受

讚誦五戒之事也謂受之身三歸既竟於三寶前稽顙自誓

一受解然後授之恭心者如對神也

老君曰若復男子女人受正戒已進求經法

謂五千文者也

先當受戒

向言受戒已今復云先當受戒前是受經之時更復說戒者

經戒具受故宜先受戒

一一堅淨然後授與

辯疑已持戒者若有漏失許其自新明知所以更授者也

日暮恭心不怠時節

朝夕禮事雖復饑寒亦不關廢此是奉經之法也

月修十直

月有十齋日也

年用三齋

一年用三月長齋也

誦經萬遍白日登晨

閉讀日誦晨者真仙之域也用此齋直誦經萬過則獲飛仙西昇經云羅縷妙言內意不出誦文萬過精誠思徹此之義也十直三齋別自有經也

若為人敷說宣通妙義大利眾生乃拔三塗一切諸苦

敷揚講說開導未悟則功德廣濟三塗救拔也

以是功德能斷宿命無量諸根得昇上清無復退墮

功圓德備則生死根滅上清之道無復退轉此略明學道之

所至也始自持戒終於無為舉大法之始終者也

老君曰清信男清信女在家出家受持經法願樂神仙日夜誦

讀求諸妙義

謂無為至理也

去諸誼雜調心制性

謂卽世學也夫上士學道在市朝下士遠處山林山林者謂

垢穢尙多未能卽誼為靜故遠避人世以自調伏耳若卽世

而調伏者則無待於山林者也

柔顏善氣勸諸男女

心麤則貌強意獷則言惡若和顏軟語則見者親愛不生忿心也

遠離五惡受持五戒供養三寶

既知至妙之理又能分別善惡則以我所得爲敷說勸令捨離諸惡緣也

取令成就不擇甘苦

識有利鈍性有善惡曲已順彼取令入道不爲身利不辭屈辱此爲教也

若具持大戒苦行精勤布施忍辱捨身救物

謂修行者也大戒為百八十太清等戒若四明科禁眾仙大忌皆是學真之具法也精進勤謂匪懈布施凡來求無不給與不吝財賄不問有無忍辱謂受辱不言乃至打罵亦無嗔恨捨謂諸危難決往救不顧身命若見凍餓剝身給與不待有求是為捨也

若復離世獨往幽栖專想至寂眾難不驚

謂耽神者也離世山栖以避諠濁獨往無羣無復他念專誦志一想謂思神至之者也寂謂定也此專定心智定內安非

復外難榮辱所驚也

必至無為

言修此等行必果無為之真也

尹喜曰奉經有犯乎

持戒善惡既備於前夫知奉經凌犯罪失云何此緫問眾經非止五千也前頌云悉歸太上經此後又明破法及授受之難推此故知也斯乃尹喜相資發故令出罪福之事耳

老子曰十有三者也

經云生之徒十有三死之徒十有三言奉經順法則獲長生違戒犯惡則動之死地既答所問罪失故直云十三也

尹喜曰何謂也

問十三之事也

老子曰爾諦聽之

既更有所明故復戒

十有三者六塵六識皆由於

六塵謂六入也以其所入能穢染正性故言塵也六識即六入之根能起分別故云識也心爲其主是爲十三下卷具解

凡致惡之由因十三起入善爲生爲惡

而死死生之謂非止此身也謂修善不息以至成道成之

日豈得非生故經云出也爲惡不息遂淪地獄豈非死乎故經云入也

是故淫貪疾恚

淫之所起由於邑取故在十三之端夫淫必有貪而貪者不必皆淫然貪之為疾非但在於富貴乃至貪名貪世不欲人在已先疾者妬嫉也嫉彼而勝我也恚謂嗔恚也貪嫉既起

嗔恚自生者也

欺盜妄詐

違戒取物是為欺盜謂欺心者也自詭要時是為妄詐是用權數苟得者也所謂民之賊矣

綺言兩舌

辭非而澤謂之綺言反覆是非是為兩舌皆緣欺詐而有

老君戒經

諂利持權

口忌災祟明言禍福卑辭高物以要利入是為諂也憑恃時威自我制物是為權也夫諂之甚者乃至祈神祭鬼以求曲祐也

溷集破法

男女無別為溷破法者謂有此等事也始則貪婬終於混並皆相因而至之也

非清信也

如此皆之死地尚非清信況復奉經者乎

天網不失

引經明事也夫天網雖疎報對之理必無遺失也

生死無地

生謂見報死謂考對無地可逃也答所問十三畢此以下乃

明罪報也

如此等人非其智分

由無智識起諸罪業故於法無分也

梁湾至法毀廢善根

法法相傳如樹有栽生長不絕是爲善根如此惡行日相深

漬善根豈得不廢

不爲善人之所知識

老君戒經

所行既惡則惡惡相知愚下之類自多黨善人謂才識高明
德勝者也

備眾生身
皆由前緣無有慧業故令今生得此愚癡夫言愚癡者謂造
諸惡業也非謂無所解矣生既無善死墮三塗受眾生身眾
生萬等各隨緣報而備得其身者

種於婬慾無所憎避
眾生所以繁多由其種類婬慾故也謂因法行婬而受此報
猶雞犬等在於人中無所避就得類便爲亦無憎愛皆由前
業之所行者也

常懷怖畏

因往貪取之報也餓鬼之中復有萬品雖云是餓有時得足

此言無足者便是未嘗蹔飽也

若在地獄五痛無間

地獄受苦有時而息此言無間是時無休息也五痛猶五苦也明三塗報應如此

如此受身備諸苦惡

三塗報盡出生人中則形體不具備諸殘疾或瘡痒疥癩可惡之極者也

物所懷惡

非但於人乃至畜生亦有憎惡

無有救治

疾既可惡則人無治者此是穢慢誇法之報應也

生死輪轉無聞無見

無聞謂不信法教無見謂不值善緣此總明十三破法之罪

生死所之也

皆由一念中生至無數念其對無窮

夫為惡者始起原缺文

達摩寶傳
달 마 보 전

― 진본(眞本)

苑至果號悟真子滿城賢臺村人生而質樸不混流俗結菴於唐縣葛洪山禮江月藜師密授元微之旨採薇而食斲木而衣至元十三年年九十矣一日浴更新衣謂眾曰酉刻吾必去送作頌曰來而空手來去而空手去一腳踏虛空卻返蓬萊路又作頌別眾曰人間九十年歸去塵緣斷雖有戀眾心恐失朝元伴時及酉初刻儼然端坐拈筆書一詩曰九十年來瘦鶴姿紅鉛黑水煉多時塵凡憒憒誰人識飛上青空任所之書飛而逝

舊志

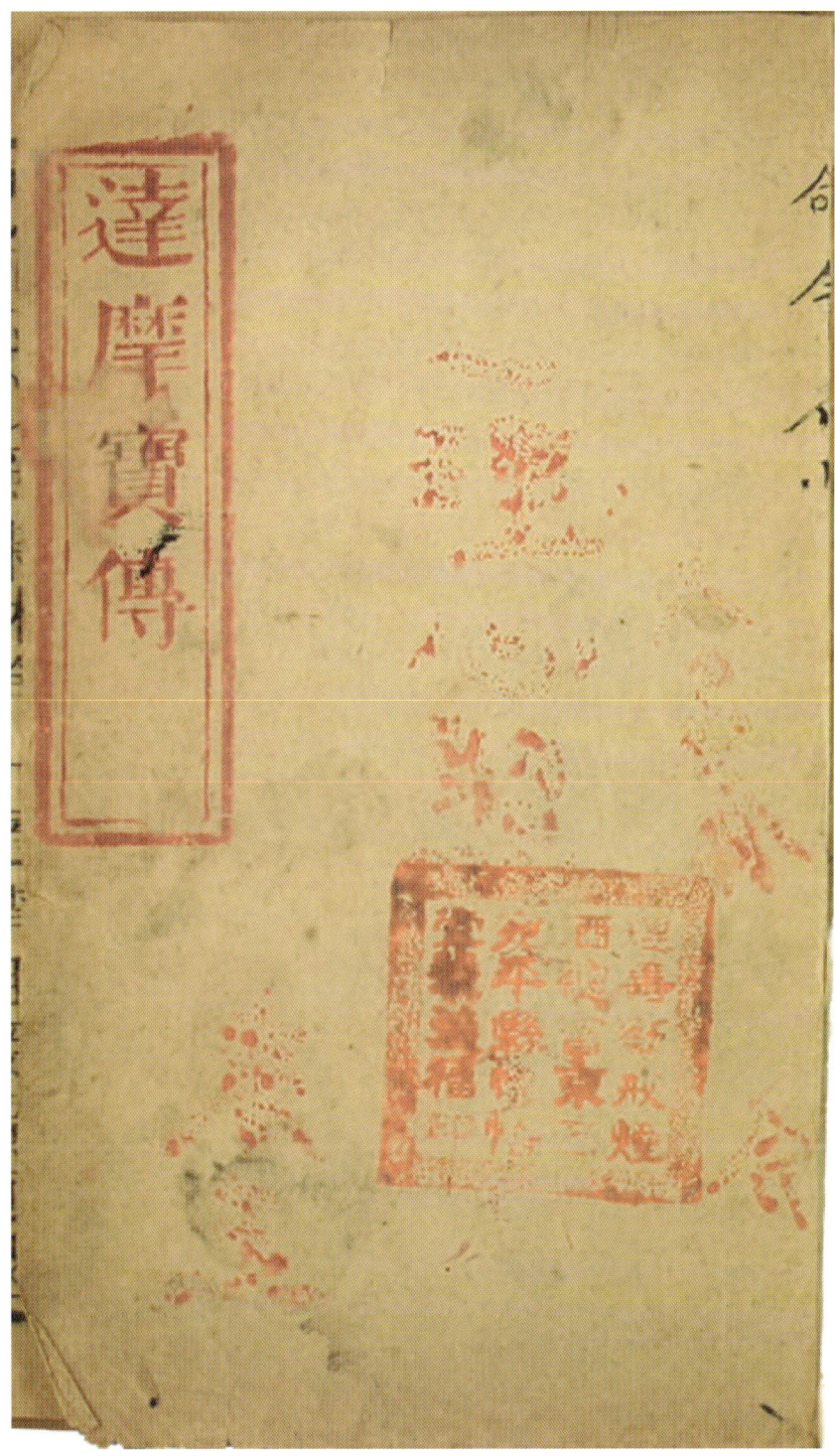

達摩寶傳敘

達摩寶傳釋氏遺文通達之謂廣大之稱括盡要道至德不外三教正理鋤究異端邪術以及四果旁門乃修性了命之至道至在有情下種為返本還原之真經真在順死逆生實無愧西天廿八菩提尊遵奉天命茲以為東林第一達摩祖接續道根

口授心法不在文字經中論性悟神運勿許形色身外尋三皈五戒作修道之把柄。一花五葉留收圓之定憑初度武帝不識由宿孽以未盡次指神光大悟幸續燈而有人受胭脂以偶言因釣坎陽必用離陰為遵引收宗橫而改正凡度後學全賴先生以曲成埋屨過江設殿一切變端本老

祖神通顯應。愛辱含齒拜師幾番忍耐喻
後世低心化人縱有不明度人之師尊不
知訪道之學人莫不以此為見識而有靈
機巧性生真德道妙用真求道艮篤望讀
是書身體力行句句芟心中之荒蕪言言
破天下之迷津揣辭撥開迷人網求道悟
透死與生無塵無垢功圓預知時至有道

有德果滿自覺期臨誠爲救命仙丹度世
佛艇眞正輔世道書惜黎菩錢僕本迂拙
缺少見聞初越陝西始獲上冊殘篇繼遊
滇南復得下卷簡文不堪鄙意補正彙集
一部刊成以期同登道岸共出迷津是幸
歲甲寅夏悟眞子敘於退省所

記心即來應昔思性根命帝道有體用。木本水源道有由來無極以生太極。老君而化釋迦卽先天大道根也。然為酉天二十八祖者。然釋迦佛一脈流傳世世承接。其統代代仔肩其緒耳。佛出自西域竺乾國白淨梵王后摩耶氏秉性慈善。老子見變分性放光國母見光感而有孕懷二十二載。於周昭王二十四年四月初八日午時降世姓剎刼名悉達多太子自幼大有威德尊務清淨時遊四門見生老病死苦絕欲出家修道。父母苦阻不從誠格神人指示踰城而出其年一十九歲居檀持山中修道三載心知有形非道遂復學於阿藍迦葉處三年不得定靜又便往蔚頭藍蔡學一年亦不明其性宗自傷嘆不已又得聞號燃燈古佛頗有至道時至中夏周穆王二十一年訪至東梁山拜見燃燈講道十三日諦下徹悟始朋萬法歸一至菩之道饑別 燃燈走滕泗二水留雪山一宿思其尼山靈秀所

鍾知中國文彩方盛遂歸西方與教自號釋迦牟尼始至舍衛國大開法門著經說法覺悟羣生稱名曰佛聞道說法三十一年法付

一祖摩訶迦葉尊者姓婆羅門孝帝五年持僧裘裟衣入雞足山開道

二祖佛從弟阿難尊者

三祖商那阿修 姓毘舍多於周聖王六年生至三十二年化

四祖優波匭多 姓首陀緣七十出家

五祖提哆迦

六祖彌遮迦

七祖婆波蜜

八祖佛陀難提 姓迦羅墮襄景帝十三年生

九祖伏馱蜜多 姓毘舍金剛年辛未六月朔 行破三十五年遊

十祖脇尊者 多幕生處 昭六年歳

十一祖富那夜舍

十二祖馬鳴

十三祖迦毘摩羅 累行四十三年遊罽賓龍宮說法

十四祖龍樹至南印度

十五祖迦那提婆 始皇三十

十六祖羅睺羅多 漢武二十 入年寂

十七祖僧伽難提 四羅睺成國王太子生而能言七歳出家成道

十八祖伽耶舍那 新峯十四年寂

十九祖鳩摩羅多 羅門子

二十祖闍夜多

二十一祖婆修盤頭

二十二祖摩拏羅

二十三祖鶴勒那 姓婆羅門說法

二十四祖師子 此尼尊者音德繁羅門善知識夢見祭金華果曆彌師婆金斯多

廿七祖 般若多羅

廿八祖 不如蜜多

廿九祖 菩提達摩

菩提達摩尊者為西天二十八心印之祖作東林初代道統之尊聊記求感明賢再證

達摩寶傳上卷

悟真子補述
陳士神校閱
錢紫芙
謝學愚恭書

偈曰

達地通天一部文　摩訶揭諦度眾生
寶秘諸仙五千道　卷隱如來三藏經

讚曰

達摩慈悲寶卷傳

諸佛菩薩下九天
聞聽偈語忙護佑　韋馱靈官排兩邊
金爐沉檀香烟起　法身清靜性自然
大眾虔誠禮佛語　直超三界證涅槃
南無皈依十方一切諸佛諸法輪常轉度眾生。
爾時達摩老祖乃西域古印度國界大覺金禪香枝國王三太子不戀王位看破榮華修成西天二十八祖。蓮寶座不戀聖境悲世間凡人於天界元年過東土僧空妙用度人不傾又字只口傳心授因見眾生不得惺悟。難識妙理。遂高駕祥雲慧眼遙觀見得梁武帝普氣冲空空中現瑞只得落下雲頭於梁武帝金鑾寶殿武帝見老僧從空而來驚疑問曰莫非怪乎擅敢到此。祖曰西國人也身藏胡操聖境不覺至此耳武帝曰四國到東土有多少路程 祖曰十萬八千里帝曰要多少日期可到 祖曰吾只用半個時辰就到 帝曰莫非神仙子 祖曰雖非神仙頗有半几牛聖 帝曰既

通凡聖可曉人之生死根源否。祖曰知而不知不知而知。帝曰幾世為人幾世足幾時戒斷酒合肉

你將甚麽報君恩誰人與人作眷屬
日間化緣那裡化夜間歸向那裡宿
我將八句來問你誰是天堂誰是獄
老祖曰九世為人十世足離娘戒斷酒合肉
我將經卷報君恩菩薩與我為眷屬
日間化緣千家化夜間歸向茅菴宿

我將八句來回你　我是天堂你是獄。

武帝聽得此言心中大怒曰你這和尚全無道理。我有無窮道理你全然不識本是你無道理將來有何好處。帝曰我曾修下五里一巷十里一寺洪闊佛道有無量功德你反道我是地獄並無好處你這野僧單瓢執杖乞化十方遊食僧人到是天堂且有道理又有好處慨是糊說哩。我推出斬首祖曰斬我不得我體掛虛空無處下手帝曰要你上前三步死退後三步亡祖曰。我橫行三步又何妨。武帝叫兩班文武將這和尚帶在西廊來日高設法臺將四十八卷經典疊成蓮花寶座請他登臺講經說法若是真僧自然明心見性若是假僧自有天雷霹死。老祖聽得心內自明眾文武大臣將和尚候在西廊問日你這和尚將你來由去處對眾一表使我等得個明白。老祖曰。眾公卿。聽開懷我從混元一氣來無生是我老父母乳名叫做小皇胎小皇胎。弟兄多九十六億住娑婆也有在朝為天子也有為官享快樂也有遲能誇豪富也有處貧受奔波也有造孽轉畜道也有修仙證大羅。自從寅會失散后算有四萬餘年多我來此把伴約莊得爾等笑我魔我欲轉回西方地又憂爾等莫下落老祖。說罷衆文武以為和尚是個瘋子各自退散及至次日安設已畢請和尚登臺說法老祖將四十八卷經典一覽皆通只四維思尋並不會開言講說。帝曰請你講經說法如何一言不吐祖目見性一轉三千卷了意、一刻百部經迷人不識西來意無字真經世難尋武帝不識反以為狂心中惱怒命左右侍衛各執玉棍將這和尚逐出去罷。老祖曰何必待逐恐折爾福餓死臺城必得瞑目。武帝越更大怒急命逐出只見玉棍一齊打來。老祖閃出殿外冷嘆三聲無緣無緣且行且歌。

嘆富貴假名利迷人太甚。塵世上眾皇胎概困紅塵。只知道享紅福勢利儱侗。全不思有孽債暗求纏身。

梁武帝、結佛緣人曾有分、可惜他冤孽太重、一竅不明。只愛他福盡時便有禍侵。將後來冤報冤因死臺城。佛不忍特命我前來指惺。那知他迷眛甚、全不思忖、莫奈何駕法船又往別郡、四部州去尋訪有緣之人。卻說老祖歌畢不免去到金陵王舍城中黃花山神光在此講經說法四十九年人天百萬聽講、老祖到此果見講的天花亂墜地湧金蓮泥牛過海木馬嘶風。神光偶然見得新來一位和尚不免問他一聲老僧從何而求。祖曰不遠而來。神光曰既然不遠往日未見求此。祖曰不得空閒一要上山採靈藥又要下海取寶珍修造無縫塔一座只因功果未完成今日偷間來到此聽爾慈悲講經文、神光聽這和尚說要聽講經郎將經卷展開細說、祖曰你說的是甚麼、神光曰我說的是法。祖曰法在那裡。神光曰黑的是字白的是紙如何有法你既說紙上有法、我且畫一紙餅與你充飢、神光曰紙餅如何充飢祖曰旣言紙餠不能充飢你說的紙上佛法怎能了得生死本屬無益與我拿去燒了。神光曰我講經說法度人無量怎說無益你豈不是輕賤佛法罪莫大焉。祖曰我非輕賤佛法乃你自己輕賤佛法全不究佛之心印眞法執著經書說法可謂不明佛法也。光曰我旣不明請你來登臺說法。祖曰無法可說單言一字耳。我西來有個一字要須彌山爲筆四海水磨墨天下爲紙難寫得下我這個一字更難畫得下我這個形像

看又看不見描又描不成有人識得這一字寫得這
形並絲毫不掛方能造生死本來無形像四季放光明
有人識得立中妙便是龍華會上人

偈曰 達摩原來天外天 不講佛法也成仙

萬卷經書都不用 單提生死一毫端

神光原來好講經 智慧聰明廣傳人

个朝不遇達摩度 難超三界了死生

達摩西來一字無 全憑心意用功夫

若要紙上尋佛法。筆尖熊乾洞庭湖

神光聽畢心中大怒于執鐵素珠迎面打來遂打落老祖門牙二齒祖欲吐出不忍此地要遭三載大旱祖欲吞下腹內又恐破子五臟之戒只得忍耐口含齒血往西而去

偈曰　達摩含血不能言。那想神光認不全。

船到江邊人難度。看來有緣又無緣。

武帝神光不低心。那識西來一祖根

這遭錯過難相遇，永叫埋沒在紅塵。

老祖出了王舍城外將袍袖一展其齒如故其血淨盡嘆旁門有字法信口談論誚習的口頭禪不究死生。有修行他不來佛法心印。有悟道他不訪無字眞經。一味見講的是行怪蔡隱。三敎人多不究了死超生。假僧道枚習的敲打唱韻。有神光他憑的講說爲能。您講的天花墜難了性命。到頭來更難免十殿閻君。

惡度人難處不免嘆道一番。

舉眼觀看門內無數人等、莫幾個窮心經訪道修行、我今日度神光又無緣矣。但不知到何處纔有緣人。却說老祖傷嘆已畢遂往東緣闖過遇一婦人名楊胭脂便問　老祖從何而來往何而去　老祖曰自西國而來特度武帝與神光欠緣而歸胭脂聽說知是有道德的和尙便請　老祖到家候入經堂請陞法座遂行禮拜。告曰吾乃持齋多年未得明心見性今日有緣得遇明師降臨我今發願爲徒求師慈悲指示正法弟子永不忘恩。祖曰你今發願求道事非小可況女身垢穢多慾要盟下海天大願受持三皈五戒抱穩正念纔可倘不依願而行反遭墜落萬刼難以超昇當再三思而行。不可輕視胭脂即便跪地憑佛立願曰若我得法忘師不守飯戒半途而廢永墜沉淪苦海萬刼難超三界達摩知是虛情暑點幾句偈語云若在三苦求正法畢明身中動靜功法生萬物穿三界道包天地遍虛空苦窮邊達無不到應現八方妙無窮過流四大爲眞主肉無形相外無蹤常與三家來相會肉外一體現金容。又曰人法兩忘是真空活潑勁靜允執中認得自家真人透待詔飛昇極樂宮再說胭脂得聞法語記熟在心已有數日遂起心毒死師傳等武帝與神光前來拜我為師豈不榮耀幸甚誰知老祖早明其意便脫隻芭鞋寫留偈語化作屍骸遂隱身而去胭脂見祖已故急將屍骸葬了老祖離了東絲閣又傷嘆一番、嘆婦女多迷昧不明自性。既回心在阮燕求究死生

全不思五漏體罪過太甚、因前劫多迷脈不曉修行、
變女身多不便作難不盡、遵三從合四德聽命於人。
楊胭脂既遇我三生有幸、就該要求一貫不二法門。
我見他口能言心却不正、無字經又豈可輕易指陳。
畧得點禪機話以爲高幸、就想要毒死我當人師承。
從此推我來時一條路徑、我去後恐別出萬戶千門。
要找個信心人道統繼定、慧眼觀四部州並無一人。
卻只有王舍城神光可信、我再去化不轉柱來東林。

老祖嘆畢不忍拋棄神光設法再度心默一會將數珠取下十粒化為十殿閻君飄然而至立於神光之側神光正欲登臺忽見十位秀士到此神光問曰吾等先生係何方人氏莫非來此聽說法乎十位答曰吾等乃是幽冥地府十殿閻君並非來此聽法因爾陽壽已滿特來鈎取爾之生魂神光聽說大駭一驚曰我曾說法度眾四十九年費有無窮辛苦積有無量功德豈還難躲閻君乎閻君曰今天下只有一人能躲餘外

概不能免。神光曰此一人是誰閭君曰是前日來此
那位黑臉和尚得明無字眞經一貫眞傳修成天外間
人繞躲得脱我等之手但凡說法修行口頭三昧盲修
瞎煉不求眞傳實受修行者但是口說能免其實都躲
不脱。神光聽說心中慚愧已極悔恨自己失緣只得
跪地向閻君面前討饒免死好去追求達摩指示只
得俯伏哀懇十位恍然化無 神光起身就向蓮臺一
腳踏倒蓮臺慈忙起程追趕 老祖百萬人天扯住不

忍分離而言曰。師尊一去好可憐叫人個個淚不乾。
百萬人天誰爲主未知何日轉回還。光日大眾從容
聽我言。一心要去求真傳異日若能成正果普度眾生
證涅槃師徒恩重與情深如何割捨兩離分近前聽我
十囑咐各自歸家莫退心。
一囑咐皈依佛全憑真心。　莫貪恩莫戀愛莫爭利名。
二六時要與佛常親常近　四時中燒信香報答佛恩。
我難躱閻君手無明未盡　勸大眾要耐煩牢記在心。

二囑咐、飯依法佛規嚴合、
這飯戒是修行大大把柄。
我難躲閻君手神氣耗甚。
三囑咐飯依僧要學清靜、
切莫學有為法夢幻泡影、
我難躲閻君手不明自性。
四囑咐戒殺生仁德為本、
修行人與生靈莫結仇恨。

二六時勤功課依法而行。
切莫要起雜念糊為亂行、
勸大眾時存養牢記在心、
投佛門守清規別開旁門、
或靜坐或觀空雜念莫生、
勸大眾要飛相牢記心中。
西天佛盡都是慈悲大仁。
方免得地獄苦不去轉輪

勸大眾、多放生牢記在心。

一根草、一條線、各有主人。

我虧人、人不服必有禍生。

勸大眾要厚道牢記在心。

修道人效鬪雞樂而不淫。

切不可起慾念喪失本真。

勸大眾色是空牢記在心。

酒性亂肉性濁污穢佛經。

五囑咐戒偷盜以義為本、別人來虧刻我我必不忍。

六囑咐戒邪淫名節為本、恁美貌賽西施當作禽蠢、我難躲閒君手慾念不盡。

七囑咐戒酒肉清濁莫混、

我難躲閒君手寬鬆太甚。

我難躲閒君手刻薄太甚。

二六時或念經或是坐靜、本當要絕慾念見性明心。

我難躲閻君手心少純靜。勸大眾食淡泊牢記在心。

入囑咐戒妄語言而有信。雖五戒貫五常亦貫五行。

諸萬物莫不是由信化運。言忠信行篤敬徼情莫生。

我難躲閻君手慎高傲性。勸大眾低血性牢記在心。

九囑咐修紅福富貴之品。從今後體八德更體五倫。

吃花齋吃月齋隨在爾等。要修個人上人智慧光明。

我要去趕達摩只為性命。勸大眾廣施濟牢記在心。

十囑咐、諸善人要講德行、行大善行小善量力而行、有財人要舍財施濟莫吝、無財者行方便全憑功行、我要去趕達摩求指心印、仰大眾各立功彼岸同登。囑咐已畢師徒洒淚而別。神光一心要趕達摩心切。一直趕到東綠闗遇一婦人名楊胭脂。神光問道娘子。可曾見得一位黑臉和尚過去多時胭脂日前日老祖在我家住了七日身病而死我將祖尸葬於東綠闗外。神光聽說大哭不已悔自已無緣難遇高師捶胸悲啼胭脂曰。老祖雖死道根還在不必悲傷神光聽說方得止淚問曰、老祖之道何人所得胭脂曰道巳盡傳與我只要你忍耐降心我傳你就是、神光忙頂禮跪地哀求指示胭脂曰道不輕傳必要對天立願方可傳授。光曰修行弟子未逼立專拜明師學參禪我若輕法難離苦志師性命不遵原胭脂曰修行王夫全憑心傳授匪人罪不輕穿山透海當應現包天裹地在人身活潑潑勤靜養性天千生繞得佛臨凡貫滿乾坤憑眞性放去收來還本原。神光再三叩問身中之性命生死之根由胭脂曰生死性命之原有內外之分內能穿骨透髓普覆人身應現化物乃六門之動靜外能穿山透海包天裹地量滿十方放去收來動靜活潑。乃刻外眞人也金剛經云現在過去未來心俱不可得。人我眾生壽者相切不可有方纔免得輪廻之苦脫得閻君之刑。神光曰此等道理我曾常時講論望師傳我先天至道胭脂曰法盡傳已再無二法、神光心中

不得詳明正在疑而未決忽聽門外來了一位老僧大
聲叫道東土眾生無緣無緣可惜把西天達摩老祖
佛駕臨東如何放過去了。神光與胭脂聽見問道這
位老師傅你在何方遇着。達摩老祖曰我在西國
來東之時同伴一日一夜。神光胭脂俱不深信老僧
又曰我前日在西洋湖洗澡又過老祖手執便鏟挑
隻芒鞋身負蒲團踏蘆過江而去我曾問他要向何處
去他言先度武帝無緣反遭玉棍傷體次度神光無分

又被鐵珠損牙復度胭脂顯遭毒害要到熊耳山尋個住處培體養牙說罷而去。神光聽說果屬實情轉問胭脂曰你言祖已病故如何還在胭脂曰不免同去東絲闕掘墓相驗及至掘開一覩只有芒鞋一隻繡得有字云、達摩西來一隻鞋千針萬線繡出來東土眾生不識我芒鞋把做死人埋。神光着畢繞覺得老祖神通廣大變化無窮必在熊耳山一心逕去拜求大道遂拜別胭脂起程不分星夜至一大江橫阻難度。

神光四維觀望。並無有人又恐老祖往別方去了。進退兩難。達摩早知其意。遂化一漁翁來在上江把釣○神光見而呼曰求漁翁到岸連呼數聲時漁翁不慌不忙而至岸邊。神光曰求老但度我過江漁翁曰岸邊江湖深難尋把舵人自已實難度豈敢度客賓○神光曰餘外有度否○漁翁曰前有一老僧踏蘆過江心並無波浪起惜爾錯時辰○神光曰因我錯過悔不轉了○不知這達摩老祖過江到山巳轉身否○漁翁曰還在山上打坐。我朝日未離此處。不見轉來。神光聽說在山心忙似火。拜請漁翁度江。頂禮哀告不已。漁翁見得神光求 達摩心切。總能低心求度。遂接上漁舟。叫他閉目凝神澄心靜坐一刻而過。神光下得舟來。無物相贈只得道勞而許以言曰。迷時你度我惺時我度你。有恩須當報。循還真道理言畢告別一直逕上熊耳山見了 達摩老祖四禮八拜參駕已畢見得老祖端然正坐巍巍不動並不開言啟齒 神光只得俯伏拜告弟子肉眼凡胎不識　老祖西來一切冒犯罪過應該雷霹尸骸伏望　師尊慈悲赦罪賜下恩水見　老祖良久不理　神光再三哀懇言曰　神光跪地淚滿腮望師息怒且覓懷肉眼不識西來祖總望師尊赦罪來　神光已懇一日始見　老祖言曰我今開言問神光王舍城中好道場三藏經書懇口談如何起我到西方　神光曰神光跪地不抬頭淚濕衣衿自己憂煞師莫記前言語別了真人無處求　神光

跪懇哀求。已經一日一夜。雪積過腰。老祖憫之曰。心清靜不得清靜意安閒不得安閒疑心難超三界妄意必墮深淵。神光曰弟子並不敢疑心妄想成佛作祖。以為高大實為自己性命難了苦海難脫闇君難免地獄難躲雖是前來攪擾出於無可奈何望師慈悲指示。弟子勤把頭搕。祖曰欲求正道須去左旁要待紅雪齊腰方可傳授。神光悮聽遂取出戒刀卸下左膀血染週身遍紅 老祖一見大動慈悲急將袍裾撕下一塊搭於神光左膀血止痛愈嘆道想東土眾生既有此番心念。可受真傳遂吩咐要發下洪誓大願。神光日想父母生養大恩殺身難報蒙天地蓋載日月照臨。皇王水土師尊教誨種種深恩無由報答若不誠求至道了脫生死答報五恩豈不虛生一世墮落六道四生。怎能重遇奇緣因即叩請神天鑒察弟子求道倘有二意欺師滅祖永墮地獄不得超昇。祖曰善哉善哉。要修端正道須去左旁門如何卸左膀險些喪殘生要紅雪齊腰無非考心誠爾這紅袈裟留警後世人祖示以偈曰吾本來東土傳法度迷津一花開五葉結果自然成見其智慧可矣取名曰慧可遂以如來正法眼說偈授慧可云有情來下種因地果自生無情必無種無地亦無生說已端坐神光語下徹悟始知性要悟命要傳真上上一乘之妙諦也卽便頂禮謝恩已畢再拜恩師慈悲指明左旁二字。師曰道有三千六百旁門。七十二種左道故曰左旁總為術流動靜四果之門惟我一貫先天大道三教合一是為不二法門也。神光問曰何為術流動靜四果旁門。老祖曰術者法術也。凡書符煉咒駕霧騰雲飛空步虛踏罡步斗呼雷遣將撒豆成兵五道變化降像走陰七十二般法術俱不能超生了死皆非王也流者週流也雲遊天涯朝山禮像募化十方修寺建塔醫卜星相算數推測普知過去未來吉凶禍福響應如神九流三教諸子百家口頭三隊一切流道俱不能超生了死皆非三也動者行動也凡習八段景及搬運吐納擦拳撫掌晒背反睛浚霧服氣探瞟煉丹服乳嚥精站立坐跑運氣之功一切有作有為有像有形之道不能超生了死皆非正也，靜者寂靜也。凡隱菴入洞靜坐觀空數息止念避谷煉形有守泥丸守尾閭守谷道守臍輸有眼觀鼻觀心以血心作黃庭以肺肝為龍虎以心腎作坎離有守兩乳之中有修性不修命有修命不修性一切陽寡陰孤盲修瞎煉之道俱不能超生了死皆非正也更有冤深孽重之輩。

雖人大道不知天命毫不低心精得一線之功自以為能就要稱師作祖分門別戶欺哄入罪莫大焉怎得超昇豈非正也子其勉之依願而行。神光曰左道旁門誤人生死罪重惡極弟子知過必改不敢妄行伏望師尊將入道路徑下手工程如何起頭落腳求所指示分明。老祖曰入道路逕皈守戒下手工一貫立闗起頭一三五落腳九轉丹。神光曰三教合一否 老祖曰三教無二眾生有分要明三教合一理當體一二三五數行神光曰何為一三五數。老祖曰一者一貫也三教合一即人身中之萬殊歸根為一竅故道有抱元守一。佛有萬法歸一儒有執中貫一同此道也天一生水屬坎真陽陷中不得返本明得一竅運離汞以灌溉使坎鉛而上昇水火既濟遲先天必收一身元氣歸於一性之中結成一粒粟米工夫要一心不二切忌雜念以耗散三者三家也。即人身中之精氣神為三寶故道有三清佛有三皈儒有三綱同此道也天三

生木屬震真陽藏下不得返本明得一竅呼西舍則以

鼓舞使東家女兒歡會金木合並還先天必收三家之

真寶歸於一性之中煉成三花聚頂工夫要三脈清淨

切忌三厭以機散五元也卽八身之心肝脾肺腎

爲五臟故道有五行釋有五戒儒有五常同此道也天

五生土屬中央戊已散於上下不得歸位明得一竅調

運呼吸以移戊就已使戊已二土結成刀圭返還先天

必收五臟之精華歸於二性之中煉成五氣朝元工夫

要五戒精嚴切忌五葷以沖散。神光朗日何為五葷。

老祖歌曰

這五葷葷將軍氣隊凶險。

於傷肺把金氣被他沖散。

葱傷腎把水氣被他外起。

薤傷脾把土氣被他困倦。

修行人戒五葷纔是正傳。

神光曰五戒之理弟子淺知不得精詳祈師剖明與弟

就是這葱蒜韭薤蒜。

韭傷肝把木氣被他耗完。

蒜傷心把火氣被他滅烟。

此五氣受了傷如何結丹。

精五戒纔煉得五氣朝元

子知之老祖歌曰
戒殺生原來是仁德為本
人生寅於東土沉埋久困
厭刻肉多迷昧造孽太甚
人得道要回西超生樂境
必須要放生命孽債消盡
人不戒殺損天真孽債更甚
孽迷竅起退志把道不信
體上天好生德戒殺放生
人轉畜畜轉人死死生生
人吃畜畜吃人好不傷情
冤未報難道說罷了不成
若不然只恐怕冤孽纏身
佛雖慈那冤孽怎肯依行
失卻了好緣法萬刦難尋

造刧運從何起仔細評論、天生物他豈有所殺之情、
皆因為世上人凶惡頭便、毒魚蝦傷禽獸造孽非輕、
上皇爺按律定降下刧運、勅魔王四部州齊起蜂擁、
你殺他他殺你解此刧運、修行人不惜命罪加十分、
儒恕怒佛慈悲道祖感應、此六字心在下推己及人、
體天心推人心以及物性、既成已又成物豈可看輕、
折草木傷氣血都有罪定、何況於貪口腹苦命殺生。
殺生戒理多端難以盡論、再將那偷盜戒指示分明。

戒偷盜原來是義氣為甚，切莫要存偏見刻薄居心，
男志外女志內雖是末等，守己業不妄求纔算志人。
乾與坤總要學端端正正，勿妄貪勿妄取廉潔要清。
一根草一文錢各有受分，一縷絲一縷線豈無主人。
或做買或做賣存心公正，哄人財不長久自遭罪名，
那怕他金合銀堆滿地境，常近身常臨眼毫不動心。
縱該取毫不苟並不膝泥，若妄取傷了義背了聖人。
入佛門修大道須清戒淨，忽此那小人輩一概糊行。

塵世上鬧轟轟無數人等，沒一個不貪財不斂金銀。瞑着目細思想上中下等，概入迷齊盤算無有知音。莫說是做賊人天良喪盡，不做賊還不是想弄錢銀。莫說是俗人們利心太甚，修行人亦還有見利生心。這財字可算得迷魂大陣，從今後嚴守戒跳出迷津。修行人二六時勤把功運，毫不貪毫不染涵養性真。功成時遍身寶受用不盡，吃聖飯穿仙衣快樂長春。戒邪淫原來是禮節為本，切不可無禁止慾念橫生。

男官貞女官潔猿馬拴穩，須將那廉恥兒心窩常存。
心問口、口問心自嚴自慎，毫不敢思凡情斬絕除根。
天地間惟禽獸雌雄亂混，不顧羞不顧醜不堪聞。
人為那萬物首廉節要緊，若亂倫雖是人不如獸禽。
柳下惠懷不亂天畏獨慎，魯男子閉門戶不覯美情。
進大道皆都是仙緣有分，老母的親胎子九六原人。
自寅會投東土六萬年整，張為男李為女轉變不停。
三期至開普度原人返本，要九六歸家轉同看娘親。

修行人貼骨親靈山脈運，本來是一母生如何偸情，

旣修行把淫慾一刀割盡，任美貌賽西施對景忘情，

常畏懼似狼虎蛇蠍毒很，戰兢兢如臨淵如履薄冰。

能戒到精微處無蹤無影，成佛仙在掌中有何不能，

這淫戒是首條敗道總病，有多少徒口說心未體行，

觀外面或像是悟道形影，視內景黑藏不如畜牲，

這念頭衆乾坤摸心自問，察其實敗道的都是邪淫。

生於色死於色如夢不醒，醒未覺覺未醒昏昏沉沉

只害的屍堆山骸骨如嶺、仙佛根塵塵沙好不心疼、

大志人立念頭鐵石堅硬。常記著空於色惟在有恆。

久行持無人我四相皆淨。復還我本來面性體圓明。

這淫戒非兒戲須當謹慎、再將那酒肉戒器說分明、

戒酒肉原來要清渴莫混、除香味厭美饌去濁留清。

切莫要貪口腹迷真亂性、五百戒酒為頭酗莫看輕。

那酒兒雖是水毒氣甚狠、違三杯入腹內面紅心昏。

食葷了似瘋癲迷而不懂、喪廉恥失德行暴氣凶橫。

那時節亦不論諸親人等、開口罵舉手打虐卑慢尊也、不管高和低生死性命、惹下了包天禍法不容情。酒醒來縱後悔悔亦遲甚、何不早立志酒不沾唇。效禹王惡旨酒肯把善信、酒無量不及亂至聖存心。況酒是穿腸毒三寶傷損、有敗國與亡家招禍總根。俗人們亦當要戒之則愼、又何況守淸戒立志修行。莫說是飮甜酒不甚要緊、念不絕出難免亂了心神。那肉葷雖說是美味上品、要有功超度他纔敢食吞。

若無功解他寃陰司候等、老閻君來判斷八兩還斤。

肉字體兩個人是何情景。人吃他要人還、不是虛情

人禀受天地的清氣成性那畜物禀天地濁氣而生

既悟道要將那濁氣去盡濁氣除繞悟得清氣上昇

第五要戒妄語信實為本逢着人切不可言談虛情

言有典行有則忠信篤敬來得清去得明兔有疑生

世俗人一槪的花言巧論說是風便是雨妄哄衆人

東說好西說歹好歹說盡貌慈悲心毒惡佛口蛇心

舌如刀殺的人無處逃遁。意似箭斬的人老少離分、
只圖他得飽煖方便安穩、那管人苦合甜全不思尋、
在陽間使刁乖由他糊混、歸陰曹割心肝定扳舌根、
修行人語無妄言而有信、將花言利巧語一並除清、
逢着人講的是孝弟忠信、談禮義叙廉耻善化人民、
逆勤孝淫勸貞邪人勸正。懇勤賢惡化善挽轉人心。
每一方能勸得人人遵信。無邪匪無凶橫自見清平。
天與地合萬物依信爲本、若無信那裡有世界人倫。

天有信日月星報信斗柄。地有信、水火風運信崑崙。
年有信四時肉寒暑凍冷。月有信、逢朔望不差毫分。
日有信十二時子午為準。時有信每一時八刻五分。
卦有信乾與坤坎離為定。信屬土貫五常一貫五行。
天合地年日月憑信化運。
生生化化生生各有一信。
這五戒要精嚴五行合並。若無信化不化生也不生。那萬物與人民應信所生。更必要芷花聚三厭除清
神光曰何為三厭祈師指明。老祖曰

這厭字、昔倉聖造作明鑒、將日字安之在四陰中間、上橫陰下月陰左撇右犬。這就是名天狗日月食完這三厭削三花原屬三件、有飛禽身橫飛天厭水根源、那走獸身橫走此名地厭、那水族名水厭橫遊水間、修行人煉純陽陰氣莫犯、那五谷身直長立地頂天、況三厭屬幻體食之可憐、煉三花守三飯繞是眞傳。
示一番 老祖歌曰
神光曰這三飯之理弟子只知大槪不得詳明求師指

皈依佛發慈悲常清濤常靜。勤參悟本來面無字眞經、
不貪那富與貴世俗浮景。不戀那恩與愛紅塵美情、
將酒色與財氣一刀斬盡。學一個大丈夫跳出凡塵、
人打我不還手彌陀念定。人罵我不還口哈哈連聲、
他害我我只當是他把我敬。嫉妒我我只當是待我有情、
誹謗我我只當是頁言相敬。欺壓我我額外把他欽尊、
逢着人談善言諄諄告訓。分賢愚因人訓見機生情、
常窮究古仙佛是何動靜。不能學佛行持怎麼超生

佛佛佛原來是塵緣拋盡，並非是雕塑的有像有形
有形像屬後天卻有壞損，無爲體合太虛那有死生
行坐卧二六時莫離方寸，觀自在行般若轉運法輪
精化氣氣化神妙義難論，神還虛虛還無性先通靈
真中假假中真真如自靜，繞算得孝兒童與佛有因
此乃是皈依佛指示爾等，再把那皈依法講來細聽
皈依法要體貼法則莫紊，循規矩講禮義洗滌身心
上待下要慈悲依規示訓，下諫上依禮行莫亂章程

行動間立品格衣冠要整。開坐時如泰山守定黃庭。

神佛堂宜潔靜諸佛歡幸。四時香要虔誠性透神靈。

諷眞經除雜念神氣交並。調賢員設法度計隨心生。

見道友要謙和禮必恭敬。學低心學下氣處以下人。

談道時莫喜笑不可爭論。先天道理無窮各有淺深。

驕傲心滿假心一概除盡。奸貪心詭詐心丟九霄雲。

慳吝心刻薄心掃除乾淨。嫉妬心是非心不可長存。

名利心恩愛心不積方寸。酒色心財氣心總要除根。

論修行無人我中國一人
憤高心執着心丟去莫客
不畏苦不畏難勇力前進
外法則一言見講之不盡
存一個鐵石心拔萃超羣
言心法也不是呼雷顯應
再將那心傳法成聖指明
法法原無法法乃自性
也不是呼風雨造將遣兵
法法心要死真息調運
空空空不落空空乃為真
上丹時
子午針上下對前降後昇
鉛投汞坎離交金木合并
三花聚五氣朝養育聖嬰
結一顆黍米珠脫凡成聖
跨仙鶴顯法像無憂無驚

此名為真法則余今指醒。再將那飯依僧署歛其情
飯依僧皆因是不戀俗景。正其心誠其意穩步前行
做一個大丈夫不畏苦困。把塵垢速洗了悟透死生
悟道人識得破真假路徑。是與非邪與正好了自明
無根種受佛法心無把栖。進了道意不專圖務虛名
又或是想利息苦把錢掉。又或是思家務當不安寧
又怕飢又怕寒又怕受累。放的賬又恐怕收不回程
一天天忙到晚無有安靜。老與少兒合孫慨挂在心

每日裡、受勞碌、憂心耿耿、想修行、又不能打坐唸經、這等人、真來是糊塗愚蠢、既惡濁而居下是誠何心、豈知道皈依僧念頭去盡、戀恩愛貪家財何為皈僧、論皈僧身在塵心無塵混、雖居俗性天中毫無俗情、僧與俗分疆界兩條路徑、身在俗情與濁不分開怎望功成、囑賢民速憻悟迴光自問、要怎樣纔脫離苦海深坑、論內功僧乃是真人名姓、勤參悟纔能明其中妙旨、運呼吸調真息、出玄入牝、甘露水潤百脈藥苗自生。
真陽動透三關轉至五頂、有黃婆為媒證嬰姹相親。
蜜綿綿妙難言無限樂景、結一粒九曲珠毫光騰騰。
這三畈修行人奉為標準、將三寶煉一片一字丹成。
神光曰這一字精微之道祈師詳指。老祖曰
這一字無極中一點靈性、是西天大聖人骨髓真經。
生東土諸萬物一切靈蠢、三界中槪由於一字生成。
這一字安天地兩儀判定、生陰陽生男女制立人根。

這一字、生三寶三教綱領、統三才立三界撐持乾坤。
這一字、生四性四相位定、通四方分四季秋夏冬春。
這一字、生五穀五氣化運、生五湖並五嶽又生五行。
這一字、生六米六氣分性、發六爻化化六畜六道轉輪。
這一字、生七孔叉生七政、每一方列七宿北斗七星。
這一字、生八卦八大神聖、分八方制八海八部龍神。
這一字、生九江九曲珠定、分九宮有九闕九轉丹成。
這一字、生十千十佛掌定、按十方又制下十殿閻君。

這一字從無極先天化運。生了佛並萬祖無數真人、生星斗生山河草木萬姓。那一樣不是這一字發生、說不完這一字玄機妙蘊。人得一萬事畢無死無生。

老祖吟畢。神光喜不自禁這一字先天大道有無邊造化不覺心明神暢忽又想起。祖言一二三五數之道精微之理但未詳識求 師慈悲指示與弟子知之。

四之理。自覺歸於河圖天之生數遶有地之生數二老祖曰一三五數合而爲九易曰陽用九二四數合而

為六易曰陰用六九者屬陽有輕清之氣上浮為天六
者屬陰有重濁之氣下凝為地故修道君子要去濁留
清三教聖人只尺一三五合九之數而不用二四合六
之數天堂地獄善超惡墮其理昭明旁正亦可知矣
神光曰二四之理怎樣分別祖曰二者心猿意馬也
四者眼耳鼻舌四相也二四合為六根生於六賊化出
六塵因有六道輪廻卽人道三畜道四也夫人之眞性
在母腹先天之時與母一氣相通那時心意豪會四相

和合只有一竅而通三寶五元混合一體。能動而不能言。及至十月胎足瓜熟蒂落。一個筋斗下地脫下胎中穢。剪斷臍帶根。先天氣收後天氣接。叫苦一聲因何故落於苦海難歸根。苦海者即眼耳鼻舌為四大苦海性從眼耗墮於卵生性從耳散墮於胎生性從鼻散墮於濕生性從口散墮於化生再加心意一動而生六欲惹出六塵一片重濁之氣凝為地獄人轉畜畜轉人生生死死輪廻不停故曰人之初性本善性相近習相遠者此也。

偈曰。

眼戒法語敘清。點徹一竅靈明。三心四相齊掃
十惡八邪除清。三寶煉成一品。六賊收來歸根。
呼吸通歸一竅。出入玄牝二門。從此超脫苦惱。
那怕十殿閻君。此是神仙之道。行住坐臥留心。
神光日承師超度受弟子百拜再懇慈悲求指三關九
竅又在何處。師曰三關九竅尋常能避十殿老閻
王抽爻換象非小可爾今何復莫思量又云此道名為

最上乘能度凡骨作仙真真性一點超三界十方萬靈
盡歸根○神光日願聞性命二字根原○睡處山間石島
安身○祖曰
霎時飛海騰空○坐處常明不夜○行處海量寬宏
運行日月甲子○證明佛道之宗○朝暮東昇西降
子午南北相通○歸來黃庭發養○恍惚妙用無窮
須要用心追取○不可大意放鬆○若要頓超三界
早聞空中霹靂　一點靈光舍利　水火不能焚溺

偈　人身中華最難生、道場佛法更難聞。
曰　既得人身聞大道、務必早煉早超昇。

夫性命者陰陽也。在天為日月。在地為水火。在虛空為風雲。在方為南北。在時為子午。在卦為坎離。在人身為性命。天無日月不能懸星掛斗。地無水火不能養活生靈。虛空無風雲人民不得清泰。方無南北四方怎能安寧。卦無坎離水火怎得昇降。時無子午晝夜怎得分明。人無性命遇身無有主持。離了陰陽萬物從何而生、神光曰、何為高明配天博厚配地。祖曰、乾為天坤為地。在先天之時天位於上地位於下。一離母腹之後臍帶一斷一聲啼哭四相打開乾坤顛倒乾失中爻之陽而為離離者離也離了先天之家鄉何日返本也坤得乾中之陽而為坎坎者陷也一點真陽陷於後天丹田不得還原也搏厚者重濁之氣也將離火中之真陰運送於坎換出真陽使真陰並凝而為坤地極其博厚高明者輕清之氣也將坎水之真陽吸昇於離換出真陰使真陽並結而為乾天極其高明配天配地使天地定位返本還原天是性之主地是命之賓人能常清淨天地悉皆歸煉得陰陽合於一不為天地造化天地不能拘束我那有十殿老閻羅打開西方靈山路道遙自在古觀音有人識得造化理便是靈山會上人為說偈曰腹內運真經泥丸別主賓霹靂一聲響撒手脫紅塵神光聽說繞知生死性命根由喜不自禁曰

蜀我說法數十年　不會悟得這根原

自今覺得立妙理　總知紙經不值錢、
老祖曰經者徑也引人入道修行之路徑望人惺悟參
師訪道得道之後以經爲考金之石明其道之眞僞理
之是非以分旁正並非教人念誦以了生死講說以躱
閻君真經不在書紙文字只在口傳心授耳故今既逢
真傳可知六神朝宗否　神光日自得一點卽應。
老祖曰神仙道已得金仙次第升吾有真經歌仔細聽
分明　真經歌真經歌不識真經盡着魔人人從上

奇文義喃喃不住誦者多持經咒念法科安排紙上贈。
超脫若是這般超生死遍地釋子成佛羅得真經出世。
波不得真經沒奈何要知真經端的處先天造化別無
他順去死蓮來活往教君尋不着真經原求無一字
天生地生人物難捨陰陽造化篇說真經笑盈盈西川
能度眾生登極樂要真經知道塵除非同類而相和生
滴底產黃金五千四百歸黃道正台一部大藏交日滿
足氣候升地應潮亐天應星 初祖達摩親口授大乘

妙法蓮華經初三日正出庚曲江之上月華榮花藥初開含珠露虎穴龍潭探濁清水生二月真正若待其三不可進壬水初來癸未來須當急採定浮沉金鼎煉玉爐烹溫溫交火煖焞焞真經一射玄關造怡似雛鷯中紅心溫體熱似龍蒸廻光返照入中庭一得真經如酒醉呼吸百脉盡歸根精入氣氣入神混沌七日又還魂這般造化真消息料得世上少人明活中死死復生自古神仙頼真釋此般造化能知得度盡閻浮世上人大

道端居太極先本於父母未生前度人須用眞經度若
問眞經矣是鉛、神光聽完心中頓悟卽便頂禮謝恩
蒙師指出週天造化弟子明心但有消長之機間隙之
處未識何故。師云心卽佛佛卽心無人無我無眾生

三心四相掃乾淨十惡八邪要除淸恩愛情慾毫不染
貪嗔癡愛並不生子午卯酉勤打坐二六時中莫放行
要把閻羅來躱過常伴彌陀古觀音打開自己無縫鎖
天鼓一响王人驚慌恍惚之間超三界霎時一聲出苦淪

若是六門不閉紫六賊門外亂紛紛堂前主人昏迷了
謹訪六賊要進門偸盗一切眞寶貝闔家老幼難安心
主人一時慌張了一身四體不安寧這就是個消長理
修行弟子要明心神光問曰六賊友主是何消息
祖曰六賊本是心爲主主將大小衆魔軍好比悟空孫
行者大鬧天宮顯奇能天兵天將難伏制不能逃儒手
掌心要歸唐僧成正果全憑觀音咒兒靈這是收心巧
妙計知者易悟要留心賊中意馬忠良臣默起唐僧往

西行不是唐僧收歸正龍馬飛騰駭殺人遊馳天涯無禁止即是魔王一總兵眼耳鼻舌魔家將打探消息遊四門貪嗔癡愛入裏助酒色財氣扎外營裏營外合尊王位刀鎗箭戟亂紛紛倘若是個真明王拜請真人坐龍庭觀音老母施法術三教聖人護國心請得老母無相印照出四妖出相城再請玉皇真勅令降伏六賊護主人千妖萬怪齊聽令知止定靜天下平八大金剛闔陰鎖四大天王守四門一切真人常擁護主人巍巍坐

蓮心只待天鼓一聲响主人騰空往外行神光又問曰何為起落動靜生死根原祖曰

起底翻江攪海　落處粉碎虛空
靜處關破洪濛　照見無相城廓
安眠無生地上　自在偃月爐中
來態不知始終　降世不識年月
知是彌陀在此　何須門外去逢

光曰怎教歸家見母　老祖曰

乳名金剛不壞　出入不見形跡

黍到通天達地。得見木母金公，扶起嬰兒姹女。同騎一隻黃龍，越海翻山過嶺，來到極樂宮中，叅拜無極老母。團團普慶天宮

叅到自然之處自己知也不知。

其中有物杳杳冥冥其中有精覺知陰陽並要做無知人知覺動中靜執知魔必使知者即易悟昧者便難行。祖曰恍恍惚惚、

神光日如何是雞卵乾坤不知先有雞先有卵。祖曰

混沌之時無卵無雞清濁二氣混沌一團乃是無極之

體待子時一陽性動清氣有感如卵中之清丑時二陽
命動濁氣靈運如卵中之黃陰陽交感二氣運靈無極
生太極也一朝關破洪濛分出混沌太極生兩儀也此
時如卵生雞先有卵而後有雞若明此理便識天機
光曰念佛是誰。祖曰是本性。光曰除了本性又是
誰。祖曰是靈光發現。光曰現在那裡安身。祖曰
現在當人。光曰二六時中在那裡立命。祖曰在雙
林樹
光曰我今砍到雙林樹不知在那裡安身

祖曰、在太虛空。光曰、撞倒太虛空再向那裡安身立命。祖曰、粉碎虛空跳出乾坤三界。光曰、那三界。祖曰、東土婆娑世界西方極樂世界先天無極世界惟有先天無極界繞是男女老家俱東土眾生多迷昧盡往婆娑世界藏想回西方極樂界不明自性難回鄉。光曰、西方在於何處。祖曰、明明自自極樂宮徑有十萬八千重指破西方在目前可笑迷人路不還。光曰、二六時中皈依何處誦論何經。祖曰、皈依無縫塔默念無字經開口神氣散靜誦轉法輪光日那裏是無縫塔．祖曰自己眞寶在當人何須用巧向外尋內中有個舍利子不分晝夜放光明無毛獅子徹天飛螺蜑樹上披毛衣死的托着活的走敝虫咖起抵銳回光日何是三心三會．祖曰眼是過去心燃燈佛蓮池會耳是現在心釋迦佛靈山會鼻是未來心彌勒佛安養會光日如何是三千大千世界祖曰遇去佛管天下紅物世界現在佛管天下婆娑世界未來佛管天下清淡

世界　偈　銅鐵之兒幾春秋　無窮無盡何時休
　　　　曰　一聲吼海驚天地　震破乾坤四部州
光日、何為四字經六字經。祖曰昔有文殊菩薩會問
世尊云有修行弟子妙用精誠或四字是真六字是真
世尊曰四字六字不過是引誘之門初會四字引誘公
卿二會六字引誘賢人三會十字普度羣生無極太極
皇極三名經圖五千四十八佛開八萬四千門因及三
災闡教化引度不離有字經經中說透生死路拜求一

字不二門無字真經超賢聖後有偈語聽分明。

偈 真經不與紙經同紙上尋經枉用工。

曰 有人叅透其中意安在巍巍不動中。

又 人人有卷無字經不用紙筆墨寫成。

云 展開原來無一字晝夜四時放光明。

又 幻身雖小配遇天說與知音仔細叅。

云 三藏請來十二部盡在人身內外安。

頭頂著金剛經誰人知信腳踏著般若經那個知聞。

眼觀着、觀音經不離方寸。耳聽着、雷音經歌韻如琴。
鼻聞着、彌陀經出立入牝。舌舐着、法華經呼吸育清。
心默着多心經是爲綱領。意守着清靜經前降後昇。
左肝家青龍經木母守定。右肺腑白虎經金公看承。
北極經能鎮水存之於腎。脾中宮黃庭經轉運法輪。
唐三藏過西天辛苦不盡。九九災八一難死中得生。
悟空心沙僧命唐僧是性。白馬意意八戒精配合五行。
五千四成一藏十四年整。行十萬八千里始到雷音。

先發下無字經有字后更、十二部真妙品盡在人身。
塵世人迷昧深全然未醒。再不窮真經道了死超生
有僧道執諸經敲打唱韻、癡心想度鬼魂全無虔誠。
吃五葷與三厭葷口讀咏。假求拜燒文書渺視佛門
佛先與主亡魂加罪三等。又要與假僧道記過十分
到頭來一個個三途受困。因武帝與佛教大道不明
只求其與空門謀食路徑。那曉得亂了法誤了後生
囑弟子既憪悟真假路徑。無字經超自已並度宗親

掌教佛流傳與廿八佛性、到東土我原人接續道根、時祇望皇胎見去旁從正、求明師傅真訣了死超生老祖示畢而去、神光拜謝、洪恩禮畢而吟曰、死非等閒得者
先天無為大道成佛妙用機關起生了死豈能輕賤。
我為生死性命卸下左膀得傳能耳山間苦琢研始得了明一貫。
感師層層指破放出天大海寬收來芥子一毫端真是

一以貫萬

切囑後輩佛侶黃金萬兩莫傳苦海眾生有誠虔除妄皈真指岸。

一見六道輪廻不忍腑骨如山欲將天機盡漏穿又恐難逃天鑒。

只得半明半暗泄與後世人參求師指點這立闢永證極樂宮院。

佛法分明說不盡一卷心經字字真有字當原從無字出。

喚醒南柯夢裡人。
大海波中一盞燈無人剔起不光明若遇明師親指點
裡頭照見外頭人。
大海波中立起椗我佛彼岸等幾回三遷九轉來度你
有緣得遇證太微。

達人知命要思鄉。　摩着正根卽去旁。
神仙人人均有分。　光明大路透西方。

達摩寶傳上卷終

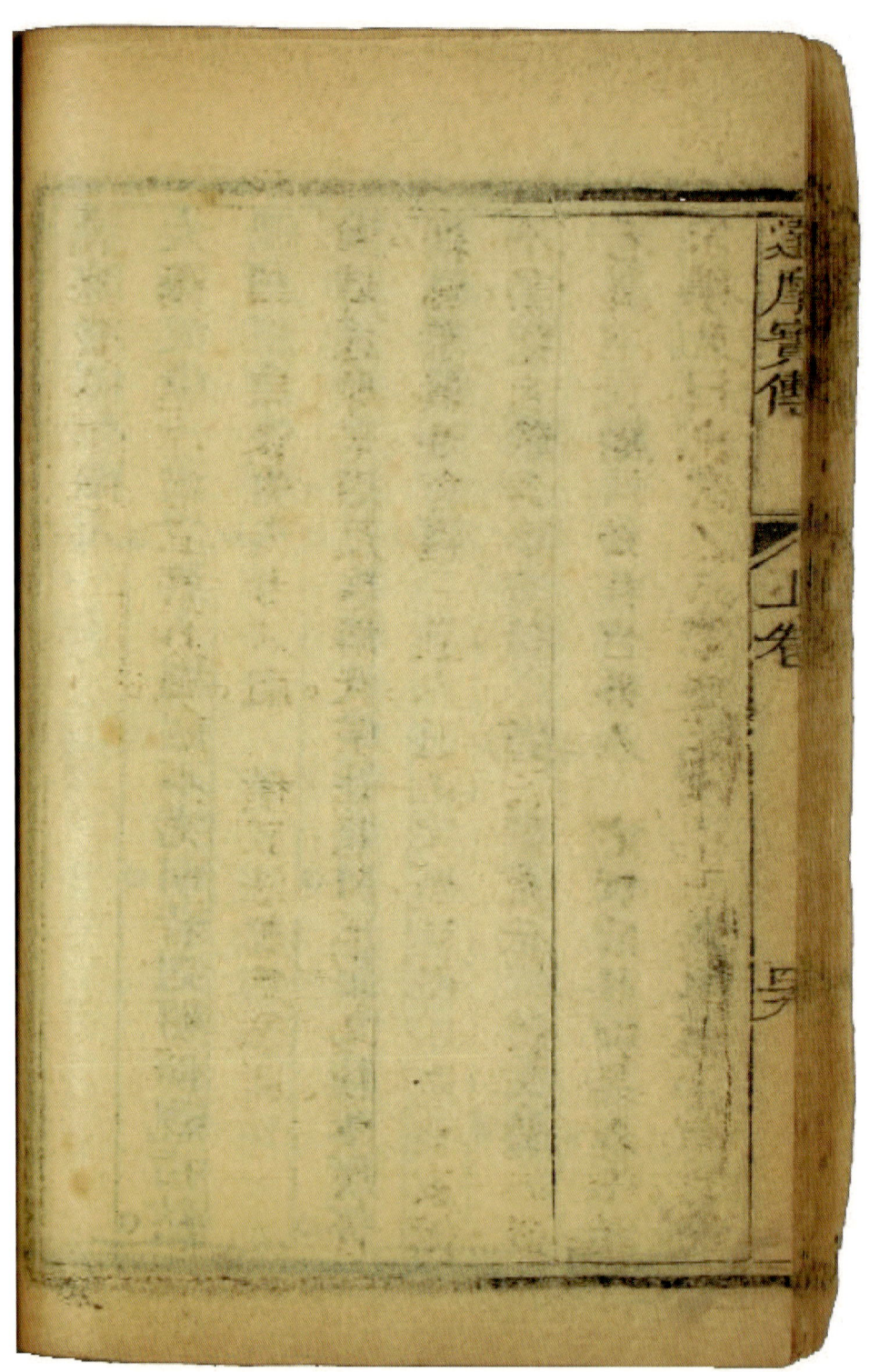

達摩寶傳下卷

偈　達摩通玄實妙哉。摩着三教一氣來。
　　宗派先天廿八祖。橫正法船為原開。
爾時達摩老祖度過神光說法已畢憫世心切雲遊古剎。涵養真性忽遇一道人道號宗橫見得老祖寂然不動遂自矜誇而言曰。道高龍虎伏。德重鬼神欽。若屬空自滿。必非世外人。老祖聽畢亦昂然不動。宗橫又曰出家之人應該要操琴弄調水懺上有言圖棋非是出家人勾當楞嚴經有言笛笙笙篌琵琶鐘鼓。雖有妙意還須妙指我今喝他一聲看他是眞和尙是假和尙。老祖答曰你眞全眞你假全假宗橫復問和尙從那裡來的。老祖應道我自眞空寺來的那宗橫不明。老祖之言老祖暗想他不是眞全夫子我言他必惡之我必善之他若善之我亦善之我且說個小的從頭去問他他若認得我再作道理。問道先生稽首了宗橫又問道和尙到底從那裡來的。

老祖答曰。來處來。今來處來。橫曰定有一個著腳之身之處。祖曰要問我出身之處得恩深處便為家宗橫曰定有住腳處所從那裡起身到我這裡。祖曰我乃是雲遊之僧那有定準隨口應曰。東來西去無憂愁雲遊天下四部州。要問我身歸何處常在雙林寂滅修老祖說罷。宗橫不知。老祖偈語又問姓甚名誰。祖曰老身姓性名王字空明橫言百家姓我曾讀過上面並無姓性的。祖曰你祇知百家姓就不知自家性我想當初開天闢地之時先有一點真性男女俱不可少這一點真性人人俱有個個不無蠢動含靈皆有佛性我今投在五行之中面貌不同言語各別故此你張我李各分姓名你今何不認真反來認假橫不解其意復又問曰和尚你與我實實說明你的來蹤去跡祖曰你定要追我道平我道末後一着橫曰上山須到頂下海須到底自然要問你水窮山盡的一個着落處我便休息祖曰也罷我不免將我來意凡事報與你知

吾乃泗水國中人氏特來這裡訪道修行橫曰有多少路程到此。祖曰十萬八千里橫曰要多少日期方可到此。祖曰只消一個時辰就到橫曰如何這等行得快祖曰我還嫌到得遲我那泗水國中有一達摩祖師。半個碑辰就行十萬八千里路程橫曰你到這裡有何貴幹。祖曰久聞東土無人體道教化修行又誰知道有這等明眼高師在此橫曰你有甚麼道如何修法敢來此處傳道。祖曰我雲遊湖海有何修法橫曰既無修法將何傳法　老祖曰閒時守清淨倦時就去眠飢時一碗飯渴時一瓶泉由他佛自佛任他仙自仙酒沽風波起稍公不開船祖解大道玄機奧理說與宗橫不能醒悟　祖言我到這裡年半光景並無一人拜我為師橫曰那個拜你一竅不通的為師祖曰怕你總是一竅不通你若通得一竅不難超生了死　祖曰一人拜我為師我不與你講你各自去罷祖定然證佛成真橫曰我不與你講你各自去罷來時只有一條正路去時便有千萬門戶叫我如何去

得。如今望你看顧強似千載修行了。橫曰我與你若是一家看顧你又有何難奈你是釋我又是道如何好與你道。祖曰先天之跡儒釋道原是一家如今之人妄分三教有個各別之理橫曰若要我教你或是你拜我為師或是我拜你為師纔好究竟幾句言語。老祖思想一會我欲不拜他為師恐難引他進步我若拜他為師或是我拜你為師纔好究竟幾句言語。師只是他罪過太重了也罷正是急水船拄岸船到婦撐篙祖便上前告道師傅雲遊到此缺少香燭不能全

禮弟子就撮土爲香拜你爲師橫日說得是好祖日
師傅請在上坐受徒弟裴拜橫乃姿自稱尊就坐在淸
圖上面端然不動受祖先拜入部天龍便生㥧怒
老祖瞞想乃作偈曰
君子暫貧還有禮小人作富便欺心入部天龍空中怒
傳道祖師拜來人得人便宜休歡喜達在求生近在身
罷貶九立並七祖歷代先亡隂幽冥 老祖雙膝跪下
宗橫便叫徒弟起來我今究竟你籠 祖日弟子要問

師傅求些佛法道理等開示明白弟子方繞起水橫目本要不救你但只是不看僧面看佛面你今皈依論我所入的本是道門所修者道祖之道所體者道祖之理要遵三清五行方為正理念你削髮為僧我今傳你三皈五戒不可忘師真傳寶授 祖曰豈敢不遵我必要承授三皈五戒不敢忘師真傳寶授 橫曰你先受三皈後受五戒皈依佛不墮地獄皈依法不墮餓鬼皈依僧不墮輪迴法輪常轉傳得你功滿三千果盈八

育。橫曰。徒弟起求。祖曰弟子起求不得。橫曰如何起求不得。祖曰未曾與弟子開示明白故此起求不得。橫曰我聘繞與你開示明白如何不明白耶。祖曰弟子那泗水國中也有皈依三寶的你這裡皈依三寶。祖曰師傅請坐待弟子細說一遍我那裡皈依卻與我那裡青同宇不同。橫曰你那裡如何樣皈依。佛者要定三心掃開六慾常清常淨不亂真性便是皈依佛也。橫曰又如何是皈依法。祖曰非禮莫言非禮莫行身無意外之行口無矯詐之言可法行可則。合乎至理不遵王法是名皈依法也 橫曰又如何是皈依僧。祖曰一身清淨超出三界要知法身在那裡安身立命投在娘胎又在那裡安身立命生從何來死從何去識得生門死戶之路明透清淨法身之處常住不滅便就是皈依僧也師傅叫弟子法輪常轉但不知如何轉法。橫曰早念三千聲阿佛晚念三千聲啞佛祖曰如有聲色亦非清淨此等念法何足為道我那裡法輪常轉不念而自轉時時悟徹單傳刻刻印真竅自虛無穴裡運動清氣上鵲橋下重樓由絳宮過丹房轉方寸而入尾閭關關通夾脊透玉枕枕透遇天天落七寶寶入寶藏藏穿鐵鼓鼓透須彌彌透雙林林透靈山山外八卦就到坎離之中入萬四千無縫鎖只有一把鑰匙開開過虛無玄關竅管教平步上天台宗橫暗想一會我當初說他一竅不通誰知他五臟內都裝些真寶貝曉得這等道理這樣清高明見之人無所不

知無所不曉我繞有眼無珠枉受他人之拜暗暗思想如今悔之晚矣橫又勉強叫聲徒弟起來祖曰弟子起來不得橫曰如何起來不得祖曰弟子討師傳傳授慈悲開示與我有一椿事要討個明白橫曰你要討那一椿事祖曰但不知師傳這裡有幾個天橫曰混元一氣只有一個天祖曰我那裡人人各有一個天就是孩童男女諸人俱有一個天橫曰我本無天祖曰因為師傳無天不合天理豈能修道了道

乎。橫曰你既有天理說來我聽。
弟子一一說明古言。佛法不可輕洩禪機豈肯亂傳。祖曰師傅請坐待
我今指你一炷清香聽我從頭一一說來天為一大天。
人為一小天天有八萬四千星宿人有八萬四千毫毛
孔竅天有三百六十日計一年人有三百六十骨節卽
一週天天有二十四氣按陰陽十二個月人有大腸二
十四折按陰陽本命天有二十八度配人有小腸十八
。折按十八重地獄天有十二元人有咽喉十二條按二

年十二個月是名重樓天有五斗六星人有五臟六腑。
天有金木水火土撥五方人有大腸小腸膀胱膽腎此
五者名爲五侯天有東斗至西斗八萬四千由旬南斗
至北斗十萬九千五百由旬人有丹田左爲精海右爲
氣海尾閭關爲血海天潮血爲骨髓海此名爲四海東
海至西海八萬四千穴門南海至北海十萬九千五百
穴門天有天河接黃河應上崑崙山頂清換水道晝夜
十二時運轉三十六度按七十二火候人有天根接地

根天河接銀河。每一月運轉三十六度。天有太陽太陰二神。人有精氣二神。天有日月。人有雙目。左為日。右為月。天之太陽太陰光照天下。一日一夜行一萬三千五百度。少行一度。就是陰陽顛倒。人之太陽太陰普照身。一日一夜亦行一萬三千五百息。少行一息。就是災八難當日師傳既有諸經寶豈不解雷祖經有云身中九靈何不詔之當時宗橫聽罷心歡意暢頓首無言。低頭便拜。老祖二九一十八拜。口吟偈曰。

二九拜師十八拜口稱赦罪珠淚淋。我今悞入旁門道。眼天無珠不識人原來師是真羅漢不知因甚落紅塵。願求明師超三界道轉釋門出苦渝。

老祖曰。當初我拜你為師如今你拜我為師怎敢大膽叫你徒弟。橫曰祈求開赦願為門下我雖入道未得真傳今聞妙言法語茅塞初開到望師傅赦拔怨罪弟子有眼無珠不識師傅降臨凡世故有冒犯之罪。

老祖曰先前我拜你為師之時間你要橋事如今你拜

我為師我又要問你三樁事你今修道要修那一樣法。橫答曰弟子要修一身之法。祖曰你修一身之法當日你母親懷你在腹中十個月生你三百六十骨節先生那一塊起首。橫曰我母親懷我之時弟子端然正坐住一間現成房子不識不知那裡知道這些奇事。祖曰你又說修一身之法及至問你你又不知我今說明與你你可牢記在心你母親生你是男先生你南天門一塊所以男便為天生你腦頂之時抽母腦蓋之𩕳。

所以母頂痛二個月你可知道此情否若生你是女先生脚底湧泉之穴所以女就為地生你湧泉之候抽母腿肚之脈所以膝痛九十天你亦可知道麼。橫曰弟子更不知也。祖曰我再問一椿事你母懷你在腹中時你可知道有性無性。橫曰千層皮裏如何曉得。祖曰為人那有千層皮不過一層肉耳但凡人在母腹時候娘的總管對着兒的顖門娘的臍輪對着兒的臍輪帶在兒口中抽吸母之血脉若是男在母的左腰梁上。是女在母的右腰梁上。每一日娘的臍輪帶在兒口中。喞住抽母親的血脈。是為臍乳候至瓜熟蒂落方纔降生。我今明指破古來無痛不生無痛不死母親生你之時在臍輪之上一寸三分痛如刀割生你下來。你今死在那裡在臍輪之下一寸三分痛如螃蟹落湯鍋一般便死也母親生你端正臨盆坐草之時又要母親的本錢。那時母親用下醍醐灌頂之功。連運三口元氣與孩兒作根本。有一日元氣灌在孩兒頂門之內。孩兒即刻墜地母親的本錢分一半與孩兒留一半養自身母親將三口元氣盡皆交付與孩兒其母便死其兒便生此乃子脫娘之身命也即是分作兩分與孩兒為多寶佛塔娘本釋迦佛是也你在母腹之中有三元不足天元地元人元天元不足頂門不開這點靈光難進地元不足膝蓋未生恐怕就跳出紅塵之地人元不足口齒不生恐怕就嚼餐衆生之肉虫你落地時微微一陣清風送進靈光之性投於兒竅名為性投命纏為安身之

地此時就叫滾芥投鍼這點靈光若投得着嬰兒就哭。若投不着名爲坐不收母親空費辛苦一場。老祖說罷。宗橫盈面弔淚說道弟子枉費一場修行今日方知生死門戶却原來我先前所說的都是別人說現成的所以七長八短總不方圓。祖曰弟子你般般都會件件皆遍我且問你但不知人死先從那裡死橫日弟子懵懂如何能知。祖曰汝今諦聽與汝指示明白大凡人死先由湧泉乾冷如同冰霜痛如刀割方爲陰根脚底湧泉爲地根。若地根斷了接連天根一斷這點靈光安坐不牢。此時透上雙林樹現出金針明亮真閻崑崙山頂生從南極而來。死從北極而去。你們雖是修行。生死不能明白。今又問你母親懷你十個月抽丁拔髓。從那裡抽起來害一百單八難。又從那裡害起來可會通否。橫曰弟子愚昧焉能會通。老祖叫道你入跟前跪下。耗根由情趣從頭解說你今修行圖名掛號。未究實理那明其情。只徒穿黃衣拿素珠東來西去哄弄迷人口說修心不修,貪財愛寶,盈門混過虛名假利。有甚道味。予將胎骨經,從頭細說明,自然有定見,牢牢記在心。

我今日把生身情由細論。

一年中四季天娘身係甚。本娘親十月胎苦中育成。

一個月長膵胎草頭露影,養胞胎溫火候漸漸功盈。

二個月長胚胎陰陽忘應,不見踪不見跡無名無形。

腰牙床懶翻身四體困緊,你娘親上牙床如醉如昏。一起身來難行步頭重脚輕。

三個月長靈胎身長六寸。你的娘懷着你、如病來侵、熱烹烹心想冷湯即刻到唇、茶不思飯不想朝日昏悶、行不姿坐不甯如病纏身。

四個月長靈胎四肢已定、先坐腳後生手秋夏冬春、對紗窻做針線背酸難伸、走平地似高山膝蓋酸疼。

生兩手本娘的血脉抽運、生兩足透玄關揚泉血湊、

你如今來修行未聞其正、把根本都忘懷蓮娘親。

五個月長靈胎五體端正、長天靈成腦蓋老母頭疼。

前八天後八天生死門徑。左八天右八天玄牝之門。
長頭髮恭眉腔嘔吐發暈、似泥牛翻海娘受惡心、
你如今來修行不知路徑。入空門悟空幻怎報娘恩、
六個月長靈胎六根分性、先通眼後通耳鼻舌全成。
通眼光與孩兒娘眼混淹、通耳音與孩兒娘耳叫聲。
長舌根與孩兒枝新葉嫩、兒三花碧秋水舌上生津、
你如今已修行不知道行、眼觀色耳聽聲鼻舌香聞、
自食肉談人過心存不正。把爺娘埋葬了墮落深坑。

七個月長靈胎七竅方定。左心肝右肺腑虎嘯龍吟

長脾骨完倉廩大小分景。你娘親元氣溝心內痛疼

前朱雀後玄武膀胱兩腎、日漸催身體大行重千勉、

完成了寶藏庫娘思貪飲、有多少好珍饈不敢沾唇。

坐落在雲陽市隨用有分、若坐在邊夷地那得隨心。

富貴家享榮華不勞心性、貧窮人經記議朝暮忙昏。

到晚來娘煩悶如害重病、你如今拋別娘怎報深恩。

八個月長靈胎八脈旺運、七寶池八德水入獄歸身。

到晚來、母睡覺難以安穩、枕頭轉、孃氣喘難動難行。

走路時孃與兒如同鴉血、孃口渴吃涼水養過寒冰。

喫滾水飲孃執漿鑊湯獄禁、孃低頭背腰屈鋸鮮之形。

兒饑餓吸孃血孃心飽悶、百般苦爲懷兒許多難辛。

你如今欲道人身長體硬、怎報答生身母懷胎之恩。

九個月長靈胎三遍九運、忽一日兒聽撲刀割孃心。

左轉時是男子六陽朝進、在腹中行子邁手擴孃心。

右轉時是女子六陰氣運、有一日降下生腰膝酸疼。

你如今做道人，昇降不運，執有為假裝相，怎報娘恩，
十個月胎已足瓜熟蔕滾，臨產時娘坐草九死一生。
第一怕、討鹽生雨手下掙，橫腹中難分娩胆落魂驚。
第二怕、離胞生娘難保命，全不分冷與熱坐卧不甯。
第三怕、掩背生娘心苦甚，坐草時千般苦難訴難分。
第四怕、分尸生娘數已盡，是前生寃債取命歸陰。
第五怕、推腸生五臟番整，寃屈家難下手叫不絕聲。
第六怕、荷胞生開弓努勁，夾膝上似撺箭墜落生人。

第七怕、蟠腸生命難救弊、兒又死、娘又亡、母子同行。
第八怕、墜腸生兒降生命、母衣胞、不下來、命送殘生。
第九怕、踏蓮生雙足跪蹬、雖然是、留得母、死中逃生。
端一盆清淨水將兒洗淨、污穢水、傾在地、帶罪不輕。
到三朝湯餅會傷生害命、欵諸親、欠命債、罪歸娘親。
洗穢裟對天曬冒犯難禁、行堂前、走竈屋、得罪神明。
造下了血河罪輪廻罪等、那有個、眞孝子、替娘受承。
論母視生身苦實難表盡、還有那、養身恩、傳與你聽。

乳三年育九載費乃太甚、有移乾與、就濕、萬苦千辛、

三伏天抱兒睡熱毒氣勝、娘受暑心甘願時憂見身、

到冬冷娘臥濕怕兒受冷、冒風寒急調治受盡就驚、

屙屎尿忙放碗把兒洗淨、不嫌臭洗尿片更換尿裙、

出痘麻與病痛時刻憂悶、貧窮人無洗換難把方生、

舍銀錢請良醫不辭遠近、懷神許香轉懷許願求神、

喫娘的多少乳娘容枯甚、直愿兒劉病瘥愈方纔丟心、

送殯錢幾許千萬元氣精神。

娘如花既結子花必殘甚子當要固其仁不失性根根本壞曷為人天道怎應。
汝今朝既修行希賢希聖將娘親生養恩如何還清宗橫聽罷痛哭不已枉我出家修行何會知道胎骨經中之理父母生養之德今得明師教訓初開茅塞正所謂樹欲靜而風不息子欲養而親不在但不知何能報產生阿娘之恩出離地獄之苦
老祖曰恭敬虔誠卽是尊親名成利就卽是榮親晨昏

定省即是敬親劬勞奉養即是養親下呼百諾卽是體
親乃後天倫常之道可謂全三順字何能答報親恩汝
欲答報親恩脫離地獄之苦必要捐炙換家修成返本
還原之功成超宗拔祖方報雙親無量之恩可謂全
一老子汝今假名為道大不知所以為道拋親遠遊混
度終朝更未識父母何等懸望細聽指明。
親將孩兒攬養大望敬悲喪送孝人那想道人心似鐵。
拋別爹娘往外行兒別父母不大緊父母想見箭穿心

又愁無飯充飢腹又怕無衣遮見身腳踏異地沒投奔
眼觀生人有誰親紅日西沈添悽慘悲悲切切守房門
三春花明鶯囀恨九月菊開鴈悲鳴夏至綠野子規啼
冬來黃葉作鵑聲睡覺時至三更夢夢見歸笑吟吟
忽然惺覺覓不見只得含淚望月星枕邊流盡傷心淚
堂前望穿雙眼嬌傳書寄信望見轉對面不親問誰人
求神拜佛多保佑只願孩兒轉家門抽籤問卜無靈應
喉舌許願無信音離別雙親猶自可飄流浪蕩無定蹤

道衣道貌猶然像焉知三清並五行朝山拜廟四方化
滅真弄假哄迷人三災八難無人管同伴道友幾個真
或住菴堂並寺院徒誦經卷混光陰只說修仙而悟道
那曉根源無處尋我今一言而道破何必裝樣徒虛聲
皈依佛法僧三寶卽是自身精氣神感應慈悲與忠恕
三教原來同一心仙道原從人道起西方多是忠孝人
持齋守戒成大道超拔祖宗並諸親我今一一說爾聽
單敎爾身出苦淪聖凡兩層都道破不枉你今拜我身

却說崇橫聽罷愧悔不已。哭泣不堪。一心改邪歸正。修悟正覺答報雙親生養之恩只得俯伏跪地哀求正法老祖曰你今既已痛心改悔哀求至道須備供儀憑佛立願。崇橫一一備齊誠跪　佛前誓曰弟子得道之後若有二心永墮萬刧流淪　老祖曰求道弟子要誠心遵故守戒依法行十惡八邪均除靈三畏九思概要遵指你一竅虛靈性至善之地率六神不耳根清靜塵不起五蘊皆空幻不生人法兩忘寂中寂混元一炁見虛靈。再說偈曰一竅虛靈性先天至道根。悟徹動中靜方識主中賓煉至無人我了死便超昇。却說老祖將生死情由下手功程一一開示明白又怕宗橫不明天道玄妙精微逐一指破以便參悟再讚十字偈曰。

囑弟子要明白修道妙着。掃三心飛四相一竅包羅。
倘養相求文字能講會說。徒修者牛毛廣成如兔角。
有智慧明自己真種一個。朝而參暮而煉性定神和。

存元神養元氣煉精採藥、知定靜識剛柔波羅密多。
有黃老戲魚躍分清濁。牛羊鹿駕三車運轉黃河。
遊雙林見仙桃羣仙奉賀。桃不大包天地日月山河。
這仙桃其中的美味莫道破服一粒能享壽五百年多。
這桃中盡美景實難道破龍交虎竉戲蛇共成一窩。
見牛郎河東來鵲橋上過見織女他又在河西弄梭。
見水面無底船仙佛同坐見水中魚化龍鱗甲現波。
見老翁任杷釣船尾土坐見八仙來過海齊唱仙歌。

南極翁跨白鶴中倉獨坐、觀音母坐船頭會同圓覽、目連僧執錫杖十王朝賀、諸仙佛齊滿載共上天河、逼天河遊過去崑崙打坐、一個個喫的是波羅蜜多、崑崙頂有多少仙宮樓閣、無極殿瑤池命三教同科、有一座三清殿元始正坐、左靈寶右老君並坐顏和、有一座靈霄殿玉皇上坐、四天王八菩薩鎮守瓊閣、有一所大雄殿文佛上坐、講經文說妙法玉律金科、鸚鵡鶴頓伽鳥善聽講說、羣弟子齊合掌口念彌陀這其中玄妙語實難細囤○仰弟子將心經用意揣摩。觀自在多菩薩不離這個。達顛倒離夢想永證大羅。卻說老祖將修道妙景說與宗嘆又恐不知臨歸之日。成道應聽薩魔現幻奪舍情光一一分明俾宗橫心神歸舍不致墮於侵害真靈方能成其正果永證菩提也。叶弟子坐一傍細剖你聽。悟玄妙要知道佛法精蘊。想從前你修道糊行一陣、那裡知有這些求家齊懵。雖然是學神仙不知性命。要脫了臭皮囊方能成真。

這生來與死去有誰考証。我今日明以告後爲據憑。
有功果圓滿日不防生病。
一天鼓打不鳴神氣難運。　　四大肢現疼痛預知回程
二香眼上藍霧神光不定。　　二舌根拴不倒命盡時辰。
四漕溪水乾了將死情景。　　彈後腦破鑼聲歸空月臨
五舌下無津液危急大症。　　手摸額骨頭大有命不存
六臍下疼連心叫天不應。　　脚掌心如針刺恁敎不能。
七鼻端準頭歪難望保命　　　天根倒地根斷氣絕神遊。
　　　　　　　　　　　　　腰疼痛上頂門卽赴幽陰

有丹方好珠砂明亮如鏡、好細茶加一錢化痰清心、
頂門心兩腳心疼痛所應接時痛準應在某時脫塵、
子時中腳心痛不消算命隔十八天明時寅刻身傾。
丑時中頂心痛大數將盡七日內到黃昏一旦終臨。
寅時中腳心痛死日有信個半月入靜時駕鶴上昇。
卯時中腳心疼天不留命三十天日正中脫苦辭塵。
辰時中腳心痛十日相近到半夜鼠偷糧命盡時辰。
巳時中頂心疼丹書詔請至七日猴掛印法身騰雲

午時中腳心痛祿馬倒運。

未時中腳心疼天宮放信、二六時豬拱泥、西方不停

申時中腳心痛不久數盡、一七天、馬放山去會佛尊

酉時中腳心疼藥難治症、十二天人定後跨鶴仙登

戌時中腳心痛十日命盡、到十八虎出林一定歸陰

亥時中頂心疼脫塵更近、龍炮柱大數終怎能留人

知時安排人凢事料應。四日內龍出海去見娘親。

叫他守立關竅存神定住、放几坐信念佛莫動他心

使三魂令七魄凝聚歸根

所怕者、累劫冤不放成正、見一切幻化景認定把憑。
見幢旛合寶益休同並進、或樓臺與殿閣不可去行、
見房屋不可入心莫混沌、若饑渴見凡物切勿沾唇、
見白蓮黑車輦馬驢現景、見音樂彩女現奪神妖精、
見彩色美婦人猪狗禽影、切不可隨他去轉胎化形、
見過街紅車輦紅福誘引、倘若是同著行墮了法身、
修行人觀世音性命煉穩、戰退了魔王陣空身空心、
到臨危總不要貪戀美景、只恐怕、錯投胎候了自身

祖曰。凡人在世修行要看臨終一着。臨終襟境現前接
引迷混當覺。
釋迦接引野狐胎。觀音接引是龍胎勢至接引是虎胎
文殊接引亦龍胎。叔伯接引是貓胎一切旗旛飛禽
寶葢接引鳳凰胎四轎接引螃蟹胎宮娥禮拜猿猴胎
蓮臺車輦驢馬胎宮人禮拜大蟲胎玲瓏瓔珞奴婢胎
浮橋渡江鰐生胎金光紫霧大虫胎千層寶塔螳螂胎
瓊花樓臺蜜蜂胎金銀轎子是卵胎笙簫鼓樂猪羊胎

若見紅衣童子接投生大官洪福胎若見西山一皓月
白衣僧引見如來　偈曰、
學道之人莫心高恐怕臨終無下稍三寸氣斷迷了路
枉在婆娑走一遭臨終緊急防昏亂輪廻路上萬千條
堅固念頭拴意馬六門清淨得逍遙
　臨終九竅奧妙　偈
樓臺鼓响萬人驚一聲震動定太平因甚今朝鼓不响
鏨備衣冠急行程雁門閞上亮金燈量天尺內看分明

吾今指示真端的神光不照便行程。
天門頂裡亮金燈有錢難買長不死躲得無常定南針。獅子關上亂紛紛。
土橋關上亂紛紛桂倒橋塲步難行滿堂孝眷雙流淚。
尋塊寒磚自安身金鎖關上看花門木人穿靴脫了胎。
優缽花開行上路漕溪水乾歸去來般若關上亂忙忙。
紫防太子動刀鎗鏺鍋螃蠏慌張了五氣都來混中央。
水火關上定陰陽左三右四不商量二龍戲珠前收拾。
龍離深潭上天堂波羅關上冷浸浸蘆芽穿膝甚分明。

六賊落了黃金地油乾燈滅便行程十殿閻君都躲過。
飛身跳出涅槃門九闕穿透少人知分開九關透天機
清風路上穿一箭崑崙頂上証菩提。
修行人難知此理識得破便可圓成但凡一切接引都
是胞胎闖入四生六道生了又死死了又生不斷輪廻
金剛經云凡所有相皆是虛妄又云一切有為法如夢
幻泡影不能了脫生死惟有先天大道一字纔是藏經
胷懷透了得生脫得死惟有西來大意主人公來接便

可去也。又無聲色譬如大海之中四方無邊一隻度船。不知東西南北不能到岸忽然天降一曉陰陽的人下一定南針繞知去路繞到彼岸只見西南山上一輪明月。一道白光化為白衲卽是阿彌陀佛來接引跟隨他去竟之極樂上品無生果彌陀眷屬卽成佛道不生不滅石爛海乾永無朽壞此乃天宮聖境 偈曰、
雙林涅槃少人知知音誰不願皈依若還得遇歸空記。
得免輪迴上天梯路頭步步往前行西邊松竹似麻林、

路道崎嶇須仔細單把彌陀作証盟。
却說現在修道之人且看靈光落地四大分張到其間
進步無門退身無路一離幻軀仔細認路有三條一
條光明大路一條黑路一條青菩幽路天宮正路在中
黑路在左青菩幽路在右撩天柱杖提起一坐須彌山
一座般菩臺相離行程不遠防金剛攔路長牢拴意馬
緊固念頭抬頭一看垂楊一枝下有盤陀石一峯可坐
一時方可前行遙望見石礄一座名曰雁嗅橋此橋有

五十里過了數里無人又見金橋一座有一萬三千里有緣君子切莫恐懼此礄名曰趙州橋有三分灠從此一斷寸步難行煩惱妄想除盡莫轉頭看莫思往昔之事端坐堅固念頭更加勇猛礄斷路盡別道遲忽見金雞飛來盤上座過河方到彼岸再看四方無路莫生煩惱坐定三日念頭更加堅固纔見青衣童子一對手執符旗前來接引腳踏銀梯步步往上到天臺第一靈宮寺參見古佛世尊親家授記吩咐又向前行二

十里上下雲城到無煩天宮有門兩扇是生鐵羅裟純
鋼結成渾風不透此處搭查對號問你來踪考察明白
纔放進去問曰此地非凡因何擅入若無事往來打入
輪廻答曰我非別人乃是嬰兒回家拜無生老母
老母問曰你姓甚名誰何年抛別父母你住何方所幹
何事今日怎曉歸家一一從頭說來放你進去若一
差錯決不容情嬰兒答曰聽我道來 小皇胎由東土轉回西庭
啟無生老父母細聽兒稟

想從前、在家鄉先天光景。金銀階琉璃地受用隨心。
從無始、下東土迷真亂性。墮落在紅塵內六萬餘年。
愛酒色思財寶不知生死。生又死死又生不曉回程。
忽聽得末刼到蒙師指示。求口訣領單傳方得超昇。
因此上思無中一雙父母。丟却了凡情境方見雙親。
無生父親聽得雙流痛淚。無生母見嬰兒兩淚長傾。
老真空端坐在寶蓮台上。聽呼喚、同老母大放悲聲。
老真空忽聽得嬰兒叫喚。差金童執櫻珞接進金門。

小真空在婆娑還歸故里。今日來見父母慟哭傷心。丟却了紅塵境琉璃世界。進雲城金沙地獨自爲尊。有鐵門、十二重運風不透。八金剛攔了路拷問眾生、甚麼年離父母久戀苦海、轉凡世住婆娑幾萬餘春。甚麼年吃起齋回心向善、甚麼年歸正教怎樣修行。拜明師他傳你甚麼眞號、說與你是那些道理經文。你念的甚麼佛得登彼岸、我問你老父母叫做何人。你與我仔細說放你進去。有一句差錯了定不容情。

小真空將言說、金剛聽到、你聽我從頭尾細說原首。

從無始離家鄉迷真逐妄、在東土戀紅塵不記年春。

淚如海骨如山不知轉化、終日間圖快樂不想死生。

到張家又李家為男為女、做活計置產業費盡心勤。

生又死死又生貧了又富、番來復復求番怎躲閻君。

過去了又過來從新受苦、戀酒色和恩愛死不回心。

忽然間不覺得心中有悟、纔想起回家鄉悟道修行。

再問你某年月吃齋向善、某年月飯正教茶拜何人。

你師父、有幾人、是何名號。他與你取的是甚麼法名。

他教你、念彌陀、幾字寶號。說與你、無生母、大道原根。

嬰兒答自那年吃齋向善、我三師、會與我更改法名。

傳與我、十字佛、一字寶號、持齋飯守五戒悟道修行。

指引我、歸家路、双林樹下、十二時、無縫塔永遠安身。

把塵情、合嗜慾、一概掃盡。晝夜間、勤採取、前降後昇。

千花台、老觀音、便是我母。老真空、大法王、是我爺身。

透三關、通九竅、無極金鎖。紫金鈿、鎖鑰匙、開通四門。

眼不見耳不聞巍巍不動、心不搖意不亂方顯金身。
忙展開法王簿一字寶號、如雲散光明現照破乾坤。
老真空一見了雙眼流淚、喚金剛開金鎖大閃金門。
見嬰兒歸家來真是我子、顯神通合聖道貼骨真親。
喚金童和玉女齊備樂器、打幢旛排寶蓋迎進金門。
有迦陵合頻伽共命之鳥、宣白鶴與孔雀鸚鵡齊鳴。
路兩傍衆菩薩各排香案、蓮花合齊迎接我的兒孫。
小真空見老母遶圍三繞、謝父母恩光昭得見雙親

散天香行細禮三回九轉、顧老母哀納受得證金身、
老眞空洒甘露摩頂授記。從今後在這裡永續長生、
證無生金蓮台不生不死、任乾坤有毀壞我自安寧、
吩咐你小眞空各照卑位、証字號認宗派樂隱安身、
論功行分九品安極定位。証金身成正果相伴無生、
有天人和菩薩常常供慶。散仙花捧供養刻刻慇懃。
又不來又不去逍遙自在。又不生又不滅萬刼常存。
郤說 老祖將歸家寶偈述與宗橫、頂知末後歸家之

義猶恐宗橫不明週天妙用再說指南偈曰

佛在靈山講妙經五千餘卷度眾生泄盡天機留一著。

不肯說破定南針。

子時觀看定南針一陽初復滿風昇煉性卽如貓捕鼠。

巍巍不動會六神。

丑時觀看定南針二陽來臨濁氣分金蟬却喜金錢戲。

觸動泥牛要翻身。

寅時觀看定南針三陽開泰正逢春白虎迴波而出洞。

青衣童子笑吟吟。
卯時觀看定南針劈見東方玉兔昇萬里雲烟騰空散。
一片金光照頂門。
辰時觀看定南針魁罡正位神存眞青龍興波出大海。
駕霧騰雲上天庭。
巳時觀看定南針六陽巳足炎熱生子規不住聲聲叫。
戲動龜蛇互相親。
午時觀看定南針陽極生陰火侯均猿馬牢拴双林樹。

六賊緊鎖梵王城。
未時觀看定南針，陽光漸遁微火烹六神暢飲蟠桃宴。
恰似羊羔跪乳情。
申時觀看定南針，朝見瑤池壽長春六個猿猴來獻果。
滿天諸佛笑吟吟。
酉時觀看定南針，沐浴池中煖溫溫恍恍惚惚精神爽。
金雞叫醒夢中人。
戌時觀看定南針，寂寂靜靜守黃昏獨坐寒室防賊侵。

休教黃犬吠四鄰。
亥時觀看定南針猶如豬去過江心來往波浪隨身走。
逆轉黃河上崑崙。
十二時針定指南乾坤萬象此中全有人識得先天意。
要見如來也不難。
却說老祖將十二時辰悟造一竅指南正針業經言明。
猶恐宗橫不能細心研究反復叮嚀曰造化根源開口
實難提無爲妙道誰人知詳細不遇明師怎聞佛真賜

意大心粗自損虛靈離你至如今得聞正法理須要着意參悟無為機得免輪迴時把真性提登不夜天常住不滅地無生無死真機真機徒弟你可知無生真性否宗橫曰不知。祖曰你既不知可再思想明白話頭宗橫向無言。老祖又問宗橫你可尋得本來面自否。宗橫五體投地懇恩求曰仰祈祖師法慧弟子愚蒙未悟再祈開示祖曰你說修一身之法及至問你又說不知我曾比山比水眉眉道破還未醒悟乎人造包身有成有壞你為何認假悖真甘落下乘之法省些口頭禪語終為肉眼凡夫不明西來佛性還是邪魔外道你今雖受大乘正法無有修証難超生死界外永沉淪穽中無垢子証心經解有云世間無佛可做無衆生可度無涅槃可證既要學佛過去心不思現在心不存未來心不着無我無人無衆生無壽者空空一切自成正覺你修道半生落了頑空將有用之精神施於無用之地又道說迷則千里難尋悟則一嶽歸根你今道轉

釋門拜我為師大有可取之處你跪下問妙玄本是你真心發現你開言問道德本是你智慧開通可見得修性煉命真如徹地通天一切萬物皆從自性圓明中生放之則彌六合卷之則退藏於密其味無窮皆實學也宗橫叩頭謝恩曰非師傅明明揭破何能變濁為清今想前修有差皆因違悖祖勅不明自性法則何以運轉河車我今想來真序可羞可愧弟子今得明心見性矣。老祖曰善哉善哉你今大大惺悟不愧吾門弟子你名宗橫我今與你改爲宗正。這個宗字非同小可。將祖是祖家根源宗主。雖知你迷而不悟。以橫爲名。將祖家不二法門亂扯橫行。不遇眞正口傳妙訣。焉能踐迹入室。今改名一正字。明了先天正理。領了單傳正法。務須正已以化人。使後人認定宗源祖派。以好返本還原而宗其正也。
宗橫改名爲宗正。得明正法妙藴深。你今了悟眞如性。方知從前錯用心。祖祖相傳佛心印。師師接承大道興。

單傳真訣爾今領無字真經最上乘玄機妙理實要緊。
末後一著不可輕丟有奇緣得究竟道轉為釋本堪欽。
不是為師施憐憫爾身何能出苦淪從求三教道為本。
性與天道不可聞存心養性遵孔聖執中貫一幾人明。
六經諸史治世論大學中庸率性懇修心煉性道祖定。
抱元守一大根生治世五千玄妙蘊真訣不外清靜經。
明心見性佛之本萬法歸一理出深千經萬典八為憑証。
最上一乘截心經龍漢初劫守命元天龍華屬燃燈。

中天赤明六字命釋迦奉命度原㩲目前三會延康近
玄玄上人泒長傾大萬餘年陽氣盡不忍聖脉開東林
瑤宮傳下十字令勅合彌勒普度與諸佛菩薩作書禮
要將九二度回龍會同諸仙下凡境萬靈真宰盡化身
吾本西方佛果証初奉佛命過東林始度梁武遭去機
復度神光續祖燈今遇宗橫改条正再來妙意細指陳
領我單傳遵我命休學先前亂道心懷抱天機須謹慎
慧師穩駕鈞原人志孝節義引歸正好做佛子與佛孫

不久一花五葉盡千門萬戶假混真。天地定位萬靈正
普度團圓道果成末後龍華逢末劫斗牛宮內訪根生
有緣有分隨吾進無緣墮落在紅塵昧者難行吾不論
知者常觀琉璃燈初守一竅知定靜收回六神到中庭
築基煉已次第進方可採藥把丹昇移爐換鼎知時正
文武火侯老嫩分沐浴溫養週天定二六時中不留停
小週煉至大週定三十六宮都是春萬境俱寂圓明性
一塵不起大丹成乳哺三年嬰兒嫩面壁九載紀飛昇

一個週天都說盡惟望知音功果純待候丹書來詔請。
靈山會上見娘親九品蓮台賞一分應代立祖盡超昇。
九六同齊瑤宮進龍華三會定品蓮上中下品依功定。
功圓果滿坐蓮心與天齊年無改更逍遙快樂亙古存。
縱然無功皈依正不墮延康失正根一卷法語包萬品。
三教同歸不二門言言道破真原性句句開通祖根生。
此是三期大把柄祖師慈悲露後音此書在處神護定。
倘有穢污過不輕有人得遇常恭敬擒去災星福臨門。

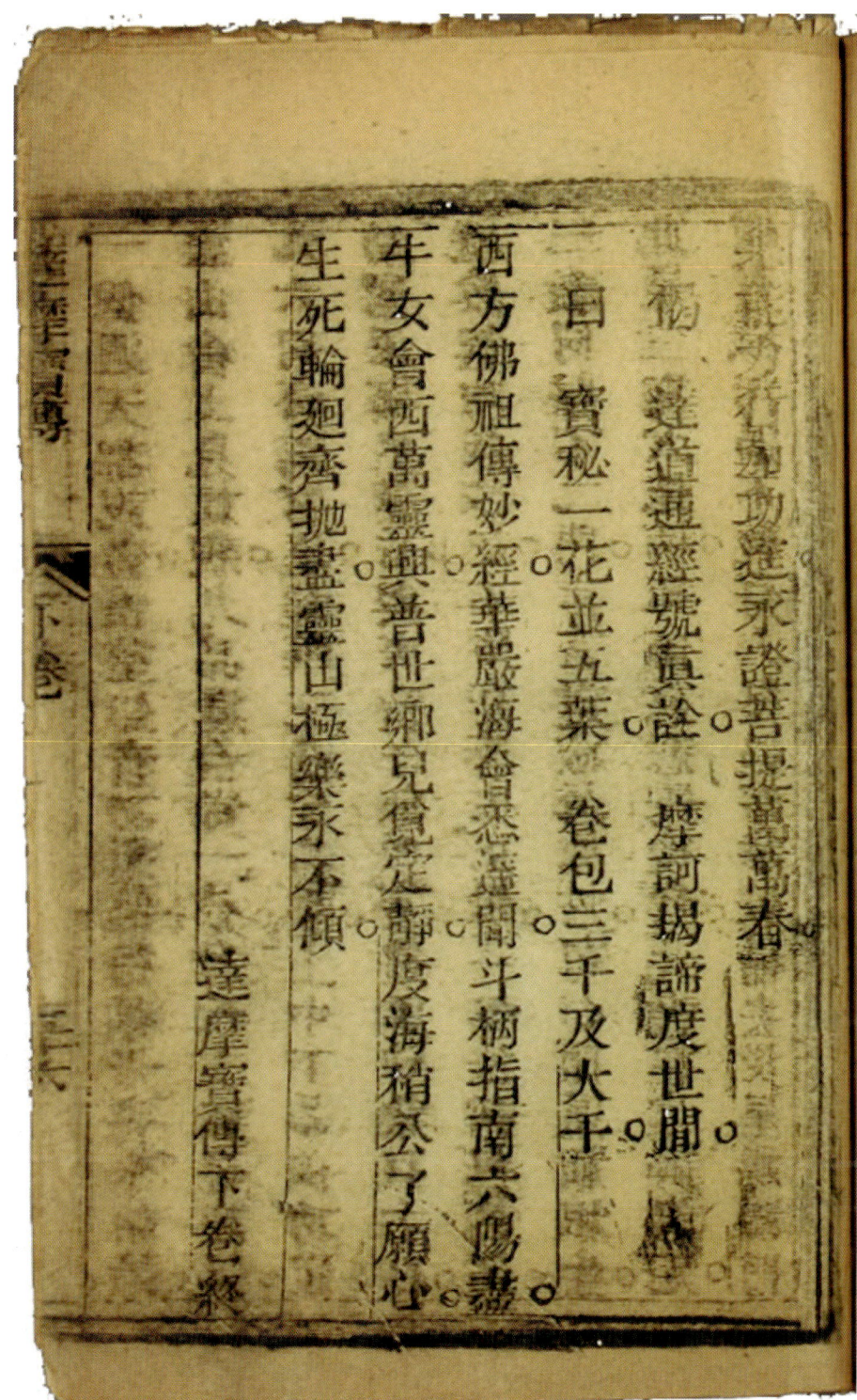

達摩行均功遣永證菩提還萬春。達道通經號真詮。摩訶揭諦度世間。
曰寶秘一花並五葉。卷包三千及大千。
西方佛祖傳妙經華嚴海會悉遵聞斗柄指南六陽盡。
牛女會西萬靈與普世鄉見覺定靜度海稍丟了願心。
生死輪廻齊拋盡靈山極樂永不傾。

達摩寶傳下卷終

- □ 編譯 : 자적화(自寂華) 허호정(許好廷)
- 1972. 4. 24. 경남 마산 출생
- 국민대학교 대학원 국어교육학과(국어교육학 석사)
- 일본어 번역 자격증 취득
- 틈틈이 학생들에게 어학(語學)을 지도하면서, 외단(外丹)이 수행(修行)에 끼치는 영향과 내단(內丹)의 양대(兩大) 계파(系派)의 차이점, 인간계(人間界) 모든 수행과 학문을 현관일규(玄關一竅)에 종착(終着)시키는 최고상승수련(最高上乘修鍊) 등에 흥미를 가져, 동양 철학에 관하여 공부하고 있다.
- 2001. 辛巳(음) 6月 初8日 太上功課經 翻譯 出版
- 2014. 甲午(음) 6月 初8日 別冊 道門功課 7版 出版
- 2017. 丁酉(음) 3月 初3日 別冊 道門功課 8版 出版
- 2017. 丁酉(음) 3月 初3日 血書眞經 翻譯 出版
- 2017. 丁酉(음) 6月 初6日 太上功課經 再版發行
- 2017. 丁酉(음) 12月 19日(立春). 天仙大戒 翻譯 出版

태상노군계경(太上老君戒經)

인쇄 : 西紀 2018年 戊戌(陰) 6月 初 6日
발행 : 西紀 2018年 戊戌(陰) 6月   15日

編譯 : 자적화(自寂華) 허호정(許好廷)
發行人 : 김재호(金在昊)
發行處 : 圖書出版 Baikaltai House
㈜ 07272
서울 영등포구 선유로 107(양평동 1가)
電話 : (02)2671-2306, (02)2635-2880
Fax : (02)2635-2889
홈페이지 : www.albaikal.com
登錄番號 : 166-96-00448
登 錄 日 : 2017.3.13
定 價 : 45,000원

ISBN 979-11-88423-05-7

四(사) 洲(주) 四(사) 趣(취) 圖(도)

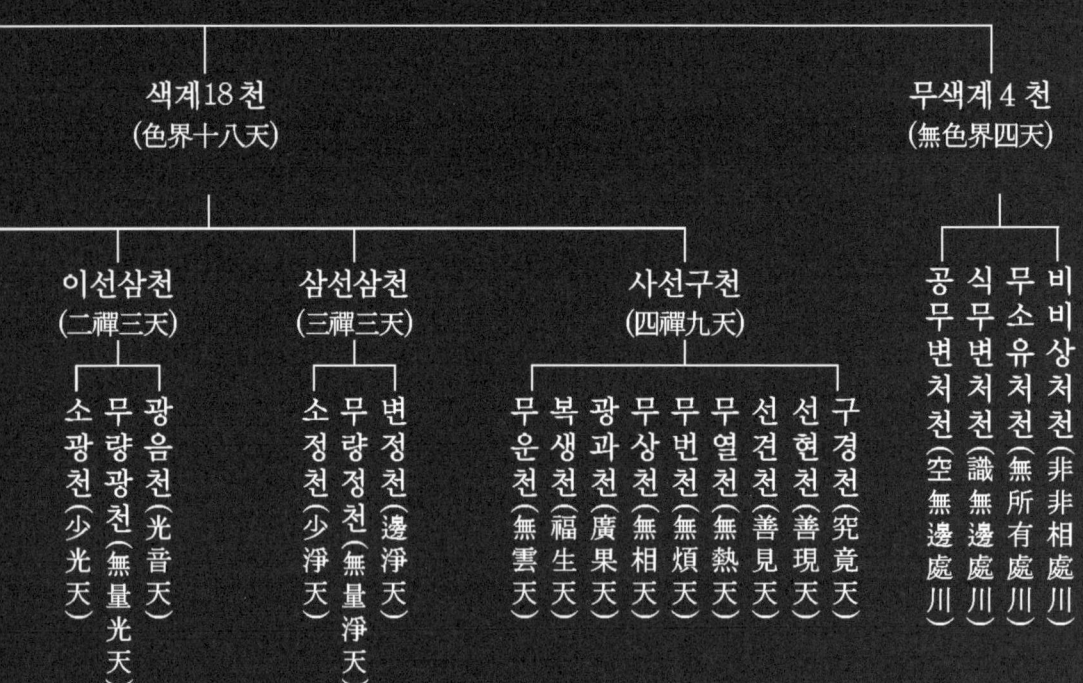

팔대지옥(八大地獄)	형벌기간(刑罰期間)이 지옥의 수명(壽命)	다른 법계(法界)와 지옥과의 시차(時差)
(1)등활지옥(等活地獄)	500년(인간나이로 약16,653억년)	사천왕천의 하루가 이곳 500년
(2)흑승지옥(黑繩地獄)	1000년(인간나이로 약133,225억년)	도리천의 하루가 이곳 1000년
(3)중합지옥(衆合地獄)	2000년(인간나이로 약1,065800억년)	야마천의 하루가 이곳 2000년
(4)규환지옥(叫喚地獄)	4000년(인간나이로 약8,526400억년)	도솔천의 하루가 이곳 4000년
(5)대규환지옥(大叫喚地獄)	8000년(인간나이로 약68,210,120억년)	화락천의 하루가 이곳 8000년
(6)초열지옥(焦熱地獄)	16000년(인간나이로 약545,689,600억년)	타화자재천 하루가 이곳 16,000년
(7)대초열지옥(大焦熱地獄)	반중겁(초열지옥의倍 4,368,816,800억년)	도저히 시간을 계산할 수가 없음
(8)아비지옥(阿鼻地獄)	1중겁(대초열지옥倍 34,924134400억년)	도저히 시간을 계산할 수가 없음